高校思想政治教育
与创新创业教育融合研究

张　琳　著

延邊大學出版社

图书在版编目（CIP）数据

高校思想政治教育与创新创业教育融合研究 / 张琳
著. -- 延吉 ：延边大学出版社，2021.5
ISBN 978-7-230-01278-2

Ⅰ．①高… Ⅱ．①张… Ⅲ．①高等学校－思想政治教
育－研究－中国②大学生－创业－教学研究 Ⅳ.
①G641②G647.38

中国版本图书馆CIP数据核字(2021)第096904号

高校思想政治教育与创新创业教育融合研究

著　　者：张　琳
责任编辑：张艳春
封面设计：王　朋
出版发行：延边大学出版社
社　　址：吉林省延吉市公园路977号　　邮编：133002
网　　址：http//www.ydcbs.com　　E-mail:ydcbs@ydcbs.com
电　　话：0433-2732435　　传真：0433-2732434
制　　作：山东延大兴业文化传媒有限责任公司
印　　刷：北京市迪鑫印刷厂
开　　本：787毫米×1092毫米　　1/16
印　　张：8
字　　数：180千字
版　　次：2022年3月第1版
印　　次：2022年3月第1次印刷
书　　号：ISBN 978-7-230-01278-2

定价：52.00元

前　言

　　随着社会的进步和发展，我国的教育理念和教学方式发生了重大改变。以往人们只关注学生的学习成绩，导致对学生的德育教育只是流于表面；受应试教育制度的影响，许多学生缺乏创新能力和精神。这些都将不利于学生未来的发展。高校思想政治教育的宗旨一直是立德树人，从学生的角度出发，帮助学生树立正确的人生观和价值观，同时将各种育人方法和思想政治教育相结合，从而实现德育与人才培养的融合和良性互动；创新创业教育是以培养具有创业基本素质和开创型个性的人才为目标，以培养在校学生的创业意识、创业精神和创新创业能力为主的教育。从近年来高校思想政治教育和创新创业教育各自的发展历程来看，二者的融合度并不高，所以促进高校思想政治教育与创新创业教育有机融合，改善当前高校思想政治教育和创新创业教育生态环境，提升高校思想政治教育与创新创业教育协同育人的实效性，推动高等教育的内涵式发展，是新时代高等教育面临的一个重要课题。当代大学生承担着推动社会发展和全面建成小康社会的伟大使命。高等教育是人才培养的重要环节，全面认识时代背景下高校思想政治教育与创新创业教育融合的必要性，探究大学生思想政治教育与创新创业教育的协同思维，优化二者融合路径，是培养创新型高素质人才的需要，也是新时代大学生思想政治教育有效开展的重要切入点。

　　本书围绕高校思想政治教育与创新创业教育融合研究展开讨论，以高校思想政治教育和创新创业教育理念和理论知识为基础，对目前高校思想政治教育与创新创业教育的关系及融合的基础、策略与路径进行了综述。本书旨在促进高校思想政治教育与创新创业教育的协同协作和共同发展，助力培养德智体美劳全面发展的社会主义事业的合格建设者和可靠接班人。由于编者水平有限，加之时间仓促，书中难免有不足之处，望广大读者给予批评指正。

前 言

目　录

第一章　高校思想政治教育概述 ……………………………………………… 1

　　第一节　高校思想政治教育的内涵及特征 …………………………… 1

　　第二节　高校思想政治教育的重要意义 ……………………………… 6

　　第三节　高校思想政治教育中存在的问题与对策 …………………… 10

　　第四节　高校思想政治教育模式探究 ………………………………… 15

第二章　高校创新创业教育概述 …………………………………………… 33

　　第一节　高校创新创业教育的内涵、意义和理论研究 ……………… 33

　　第二节　高校创新创业教育的运行机理 ……………………………… 38

　　第三节　高校创新创业教育中存在的问题与对策 …………………… 43

　　第四节　新形势下的高校创新创业教育 ……………………………… 49

　　第五节　高校创新创业教育"链式"机制 …………………………… 54

第三章　高校思想政治教育与创新创业教育的关系 …………………… 57

　　第一节　高校思想政治教育对创新创业教育的价值引领 …………… 57

　　第二节　高校创新创业教育对思想政治教育的学科贡献 …………… 66

第四章　高校思想政治教育与创新创业教育融合的基础 …………… 87

　　第一节　高校思想政治教育与创新创业教育融合的内涵与意义 …… 87

　　第二节　高校思想政治教育与创新创业教育融合的必要性与可行性 … 90

　　第三节　高校思想政治教育与创新创业教育融合中存在的问题及原因分析 …… 92

第五章　高校思想政治教育与创新创业教育融合路径研究 ………… 101

　　第一节　协同理论下高校思想政治教育与创新创业教育的融合发展 … 101

　　第二节　高校思想政治教育与创新创业教育双向构建 ……………… 106

　　第三节　高校思想政治课与大学生创新创业精神培育 ……………… 111

　　第四节　将高校创新创业教育融入高校思想政治理论课 …………… 114

参考文献 ……………………………………………………………………… 119

第一章 高校思想政治教育概述

第一节 高校思想政治教育的内涵及特征

一、高校思想政治教育的内涵

高校思想政治教育是指高校按照一定的社会要求，对大学生实施有目的、有计划、有组织的思想品德、政治素质和心理素质教育，把大学生培养成中国特色社会主义事业的合格建设者和接班人的一种实践活动。高校思想政治教育是高校意识形态工作的主渠道和主阵地。在当代中国，坚持马克思主义指导思想，关键是要坚持以马克思主义中国化最新理论成果为指导，引导青年学生不断增强道路自信、理论自信、制度自信、文化自信，把实现中华民族伟大复兴中国梦的满腔热情转化为刻苦学习、努力工作、报效祖国的实际行动。高校思想政治教育具有鲜明的中国特色，作为我国高等教育的一个重要组成部分，其内容是系统的而不是零散的，具有严密的科学体系。它既包括思想教育、政治教育这样的主导性教育，也包括道德教育、心理教育和法纪教育等基础性教育。

高校思想政治教育是一种实践活动。在高校思想政治教育活动中，大学生作为思想政治教育的主体和客体，实现了双重身份的统一；思想政治课则成为大学生思想政治教育的工具，以将大学生培养成社会主义伟大事业的合格建设者和接班人为目标。必须坚持马克思主义在各项教学内容中的主导地位，保持思想政治教育的社会主义方向，用中国特色社会主义理论体系武装大学生的头脑，树立中国特色社会主义共同理想，树立正确的世界观、人生观和价值观，促进大学生的全面发展，着力增强大学生的社会责任感，提高其创新能力和实践能力。由此看来，高校思想政治教育既是一个思想道德问题，也是一个政治问题。

当前，虽然大学生的思想主流是积极向上的，但也应清醒地认识到，随着经济全球化进程日益加快，西方各种文化思潮和价值观念不断冲击大学生的思想，影响着大学生的价值观。现在，一些大学生在不同程度上存在着政治信仰迷茫、理想信念模糊、价值观念扭曲、诚信意识淡薄和社会责任感缺乏等问题。为完成社会主义现代化建设的目标与任务，实现中华民族伟大复兴，确保中国在激烈的国际竞争中处于不败之地，必须加强对大学生的思想政治教育，从而为社会培养出更多的高素质人才，为国家发展提供应有的智力支持。

二、高校思想政治教育的特征

研究和把握当代高校思想政治教育的特征，是对理解高校思想政治教育内涵的补充，也是做好大学生思想政治教育的关键环节。

（一）政治性——明确正确的政治方向

每一个国家，每一个社会都有自己占统治地位的思想。统治阶级总是利用各种手段来维护自己的思想统治地位。思想政治教育作为阶级统治的工具，具有鲜明的阶级性。马克思指出："统治阶级的思想在每一时代都是占统治地位的思想。"这就是说，一个阶级是社会上占统治地位的物质力量，同时也是社会上占统治地位的精神力量。

作为实行社会主义制度的国家，我国思想政治教育的政治性表现在三个方面。①维护广大工人阶级和农民阶级利益的思想政治工作的出发点和落脚点是实现好、维护好、发展好最广大人民的根本利益，尤其是广大工人阶级和农民阶级的利益。②思想政治教育是使我国改革开放和现代化建设沿着巩固社会主义制度的方向发展、防止迷失方向的保证。要使我国社会主义制度得到巩固和发展，就要深刻认识和把握中国特色社会主义制度的本质和特征，坚持党的领导、人民当家做主和依法治国的有机统一，大力促进经济、政治、文化、社会和生态等各方面制度的创新、发展和完善。③宣传党的纲领、路线、方针和政策，维护民主集中制和党的纪律，坚持思想建党和制度治党相结合，思想教育要突出重点，加强党性和道德教育，引导党员、干部坚定理想信念，坚守共产党人的精神追求。党员、干部必须认真学习马克思列宁主义、毛泽东思想特别是中国特色社会主义理论体系，自觉用贯穿其中的立场、观点和方法武装头脑、指导实践、推动工作，为实现中国特色社会主义共同理想而奋斗。

2013年8月19日至20日，习近平在全国宣传思想工作会议上强调："经济建设是党的中心工作，意识形态工作是党的一项极端重要的工作。"思想政治教育作为意识形态工作的一个方面，大学生作为人民群众中最具生命力和创造力的一个群体，高校要把思想政治教育工作摆在更加突出和重要的位置，始终坚持马克思主义的指导地位，夯实实现"中国梦"的思想基础。在对大学生进行思想政治教育的过程中，更应该使其明确政治性，使其坚持正确的政治方向，运用马克思主义的立场、观点及方法分析和解决问题，坚定共产主义信仰，牢固树立中国特色社会主义道路自信、理论自信、制度自信和文化自信。

（二）时代性——跟紧时代步伐

坚持思想政治教育的时代性，就是要把握时代脉搏，与时俱进，不断地推进思想政治教育理论创新。时代的不断发展，使坚持思想政治教育的时代性成为思想政治教育工作者需要一直面临的问题。时代的不同，决定了思想政治教育的目标、内容和方法也不尽相同。恩格斯指出："每一个时代的理论思维，包括我们这个时代的理论思维，都是一种历史的产物。"思想政治教育的时代性要求思想政治教育要在关注时代发展的基础上进行，并根据不同形势下的经济社会发展状况而发展变化。思想政治教育既要在理论上进行创新和发展，又要使思想政治教育实践与理论相一致。时代的发展也必将出现新的特征和发展趋势，思想政治教育的时代性，要求把握时代发展潮流，体现时代特点，不断地对思想政治教育理论进行创新和发展，使思想政治教育的时代性体现在理论和实践的发展进程中。

高校思想政治教育也要紧跟时代步伐、社会发展的节奏，不允许滞后和倒退，要具有鲜明的时代特征。这一特征主要体现在对当前党的路线、方针、政策以及这些内容的理论来源和现实依据的及时更新。因此，我国的高校思想政治教育的内容必然包括马克思列宁主义、毛泽东思想和中国特色社会主义理论体系、社会主义核心价值观等内容。这些内容的学习要与当今理论发展保持一致，这对加强大学生理想信念教育、爱国主义教育、人生观教育、道德理论教育和生态文明教育具有现实意义。思想政治教育只有融入时代的理论内容，其理论教育才更具生命力，才更容易被大学生接受。高校思想政治教育的时代性特征体现在大学生思想政治教育的内容中，要做到理论联系实际，让大学生掌握先进、正确的理论知识从而更好地指导实践活动，处理好实践中的热点与难点问题，这样的思想政治教育才更具说服力。

（三）实效性——切实做到以学生为本

高校思想政治教育的实效性可以理解为，高校按照大学生思想政治教育目标和教育内容的要求，结合高校思想政治教育的特点，发挥高校思想政治教育功能，对大学生开展思想政治教育活动，强化思想政治教育结果（即大学生思想政治素质、道德品质和心理素质）与思想政治教育结合程度的实践过程，使高校思想政治教育的各项任务落到实处，真正做到以学生为本，把以学生为本的思想贯穿于高校思想政治教育工作的始终，秉承一切为了大学生全面发展和健康成长的理念，从大学生的个性成长和实际需求出发，有针对性地做好大学生思想政治教育的工作。

1. 树立以大学生为主体的教育理念

高校思想政治教育的根本目的，就是促进大学生成长成才，因此必须确立以大学生为中心的思想，充分尊重大学生的主体地位和个性特征；应当摒弃过去忽视大学生个体差异而采取居高临下、空洞冗长的说教式、灌输式思想教育的方法；要在贴近大学生实际、深入了解大学生各方面情况的基础上，找准教育引导的切入点和着力点，从大学生的个性发展和实际需求出发，有针对性地做好大学生思想政治工作。

2. 调动大学生内在的积极性和主动性

高校思想政治教育工作就是将作用于大学生身上的外部压力转化为大学生的内部压力，而完成这种转化不能仅仅依靠教育者的努力，更需要依靠大学生的自我感悟和自我教育。所以按照教育与自我教育相结合的原则，高校思想政治教育工作的各项措施都要符合当代大学生的心理需要，以大学生全面发展为本，在发挥好学校教育引导作用的同时，培养大学生积极主动的人生态度，能动地实现学生自我学习、自我教育和自我提高的目的，促进学生全面发展和健康成长。

3. 帮助大学生解决实际问题

高校思想政治教育要满怀关爱与责任，坚持把解决大学生的思想问题和其他实际问题结合起来，为大学生的成长成才服务。高校思想政治教育工作者既要教育人、引导人，又要关心人、帮助人。要对大学生倾注更多的关爱和支持，多些理解和尊重，以满腔热情积极帮助学生解决他们面临的各种实际问题；要切实树立"一切为了学生、为了一切学生、为了学生的一切"的意识，做到急学生之所急、办学生之所盼，及时为大学生排忧解难，成为春风化雨、润物无声的思想政治教育工作者。

4. 建立分层递进的思想政治教育目标

学生在面对没有层次性的、过高的目标要求时，很容易出现茫然与混乱的现象。因此，高校思想政治教育需分层次、有步骤地引导学生从低级向高级，脚踏实地地从基本的道德要求向较高的道德追求迈进。在整个大学教育过程中，高校应合理规划各年级的教育重点。对刚入学的新生来说，学校教育的重点应该是遵章守纪和怎样读好大学，教育学生遵守学校的各项规章制度，并以此约束学生的思想与行为，使之在取得学习进步的同时，逐步学会做人做事，恪守德行操守；对大二学生来说，学校应重点督促学生集中精力学好每一门课程，无论是公共课、专业课还是选修课，都要求每一位学生认真学、不分心、不偏科，教育学生正确处理好读书与积极参加社会活动的关系，正确处理好学习与生活的关系，通过全身心地投入学习，力求使各门功课都学得比较扎实；对大三大四的学生来说，学校教育的重点在于在勉励每一位学生认真学习的同时，使其逐步接受就业教育，引导学生树立正确的就业观，处理好就业、择业和创业的关系，积极倡导学生先就业、后择业、再创业。纵观整个大学阶段，除了上述针对各学年特点开展的重点教育外，理想信念教育及世界观、人生观和价值观的教育应贯穿于高校各个阶段教育的始终。

5. 提高思想政治教育的吸引力和感染力

高校思想政治教育要贴近实际、贴近生活、贴近学生。切实提高高校思想政治教育的吸引力和感染力，不是空喊口号，而是应当进一步改进思想政治理论课的教学方法。要采取灵活多样的政治理论学习方式，更加有效地发挥思想政治理论课的主渠道作用；要将教师的言传身教与学生的能动思考有机地结合起来，贴近大学生的思想特点和思维习惯；还要积极地把思想政治教育工作理念贯穿于各项主题活动中，通过一系列创新性校园与社会实践活动，使学生在实际参与中获得自我提升；要把"以学生为本"与"以教学为中心"统一起来，把注意力放在提高教学质量上，通过真正把"以学生为本"的教育理念落实到日常教学中，加强学风建设，提高教学质量；通过真正把"以学生为本"的教育理念落实到大力加强德育工作中，推进素质教育，切实提高高校思想政治教育工作的影响力和实效性。

（四）针对性——提倡现实和个性

新时期高校思想政治教育面临的一个重要课题，就是在复杂的社会环境中，如何引导大学生学会分辨，学会选择，从而健康成长。这就要求思想政治教育要有针对性，即针对不同学生群体倡导分类教育，绝不搞"一刀切""一勺烩"，要在教育载体、内容和层次上有所区分和侧重，开展差异化、多样化的思想政治教育。高校思想政治教育的最终目的是帮助学生掌握正确的立场、观点和方法，认清哪些是先进的、是代表社会前进方向和人民根本利益的，哪些是陈腐的、有害的、即将衰败的，是对社会主义制度和广大人民的利益以及对个人的成长成才有害的。帮助学生透过社会现象看本质，认识社会主义强大的生命力，把握社会主义核心价值观。

对于学生来讲，大学生除了学习书本知识外，还应该积极参加校内各种活动和社会实践活动。例如，通过参观革命纪念馆，增强自身对中国特色社会主义的道路自信、理论自信、制度自信、文化自信。大学生通过理论与实践的不断融合，逐渐丰富自己的知识，为走上社会打下基础。对于高校来讲，在注重课堂教学的同时，应组织好各类选修课和讲座，针对大学生身心成长的要求，邀请专家学者深入讲授广大学生普遍关心的一些问题，拓展学生的知识面；在课堂之外，则鼓励班级、学院和学校的相关部门多组织一些学生喜闻乐见的课外活动，使学生乐于参与其中，在培养其集体意识和团队精神的同时，学生自己的兴趣爱好得到深层次的挖掘，他们的价值也得以充分彰显。对于家长和社会来说，则要支持学校的各种教育活动，把对学生的定位要求同学校的各种教育活动很好地联系起来。学校、家长、社会相互配合，通过校内外各种有针对性的思想政治教育活动，使广大大学生走好他们成长的每一步。

（五）科学性——根本方向和出路

1.科学的指导思想

高校思想政治教育的指导思想源自党的政治路线、思想路线和组织路线。因此，高校思想政治教育坚持以马克思列宁主义、毛泽东思想、中国特色社会主义理论体系为指导，坚持全面落实党的教育方针，以理想信念教育为核心，以爱国主义教育为重点，以思想道德建设为基础，以大学生全面发展为目标，解放思想、实事求是、与时俱进、求真务实，坚持以人为本，贴近实际、贴近生活、贴近学生。

2.科学的内容

内容的科学性体现在理论要彻底。马克思说："理论一经掌握群众，也会变成物质力量。理论只要能说服人，就能掌握群众；而理论只要彻底，就能说服人。"开展高校思想政治教育理论课教学是大学生思想政治教育的主导内容，是帮助大学生树立正确的世界观、人生观和价值观的重要途径。但在现实生活中，正确的认识过程往往是曲折的，需要在同一切谬误作斗争的过程中实现。思想政治教育既要注重引导大学生追求正确的"三观"，也要注意引导他们辨别各种错误思潮并与其划清界限。马克思主义理论体系是高校思想政治理论教育的主要内容，是被实践证明了的科学理论。这就要求，一方面，必须始终坚持马克思主义理论教育，高校思想政治教育的内容要随着当代马克思主义中国化成果的不断丰富和创新而不断完善，坚定大学生树立正确"三观"的信心；另一方面，面对国际国内各种消极因素和错误思潮，必须用马克思主义的立场、观点和方法，通过科学的研究和分析，做出正确的回答和有说服力的辩驳。同时，对那些受到不良影响的大学生，要通过摆事实、讲道理，引导他们追求真理，并使他们对真理的追求成为其内在的需求和自发的行动。

3. 科学的方法

在时代发展的前提下，要准确把握思想政治教育的规律性，增强其实效性。高校思想政治教育是在特定的环境下，在特定的群体中进行的，不同学校在培养目标、专业方向设置上有很大的差异。同样，同一专业不同年级又有不同的特点，同一年级的不同对象的思想品德状况又不尽相同。因此，在思想政治教育方法的选择上这些特殊情况都要充分考虑到。当然，从一般意义上来说，不管教育方法如何千变万化，思想教育的目标无非都是通过群体教育和个体教育、直接教育和间接教育的形式去实现的。因此，不论最后采取什么方法都应该从高校及学生的实际出发，有针对性地进行取舍，只有这样，高校思想政治教育才会事半功倍。

第二节　高校思想政治教育的重要意义

高校思想政治教育是我国高等教育的重要组成部分。加强高校思想政治教育，促进大学生全面和谐发展，对培养社会主义合格接班人和促进大学生健康成长具有重要意义。

一、高校思想政治教育是党和国家思想政治教育的重要组成部分

（一）党和国家领导人对思想政治教育工作的重视

中国共产党是在马克思列宁主义的指导下建立起来的。人类先进的、科学的社会主义意识是不能自发产生的，必须通过系统的学习和教育才能把握。无产阶级政党应该有计划地向人们传授社会主义知识，以革命的、科学的意识形态占领思想阵地，武装人们的头脑，使之树立正确的世界观；坚持以马克思主义为指导思想，加强思想政治教育工作，使马克思主义深入人心、代代相传。

对于中国这样一个社会主义大国来说，进行思想政治教育十分必要，也正因为中国共产党重视这一工作，才保证了中国革命和社会主义建设事业各项工作的顺利进行。在曲折的革命过程中，中国共产党不断地将马克思主义基本原理与中国革命的实际相结合，用科学的马克思列宁主义、毛泽东思想教育党员、启蒙民众，确保了革命队伍的先进性，最终赢得了革命的胜利。中国共产党成立之初，就十分注重对工人和农民进行思想政治教育，

更重视对党员和干部的思想教育。毛泽东提出："掌握思想政治教育是我们的第一项业务。"中华人民共和国成立后，尤其是社会主义改造完成后，中国共产党更加重视思想政治教育工作，在全社会范围内大力开展了马克思主义理论教育。

党和国家领导人都十分重视思想政治教育工作，始终强调用马克思主义中国化的最新理论成果教育全体人民。改革实践表明，要在保持社会政治稳定的前提下深化改革，加快发展，就一刻也不能离开做人的工作，而且必须将党的思想政治工作同经济工作和其他业务工作紧密结合起来，积极主动地为中心和大局服务；只有抓住思想政治工作这条生命线，各项工作才能显出勃勃生机。习近平指出，"意识形态工作是党的一项极端重要的工作"，并反复强调要进一步明确意识形态工作在党和国家全局工作中的重要地位和作用。

（二）党和国家领导人对高校思想政治教育工作的重视

党和国家领导人都非常重视高校思想政治教育工作。毛泽东把人的全面发展概括为德育、智育、体育三个方面，强调这三个方面互相促进，缺一不可，同时他也十分明确地提出把德育摆在学校一切工作的首位。1957年2月24日，毛泽东在《关于正确处理人民内部矛盾的问题》中强调："我们的教育方针，应该使受教育者在德育、智育、体育几方面都得到发展，成为有社会主义觉悟的有文化的劳动者。"

党的十一届三中全会确立了改革开放的方针政策和解放思想、实事求是的思想路线。以邓小平同志为核心的党的第二代中央领导集体，对"什么是社会主义，怎样建设社会主义"进行了卓有成效的探索和思考，使大学生对社会主义有了更深层次的体会，进而充分认识到马克思主义的科学性，自觉坚持以马克思主义思想为指导，坚定了实现社会主义现代化的信念与决心。邓小平提出了人的全面发展的"四有"要求，即有理想、有道德、有文化、有纪律，强调无论是学校教育还是社会教育都要以"四有"为标准，为我国高校规定了明确的培养目标。

在新世纪新阶段，习近平紧扣时代脉搏，强化思想引领，提出"两个巩固"，指出宣传思想工作就是要巩固马克思主义在意识形态领域的指导地位，巩固全党全国人民团结奋斗的共同思想基础。并强调要着力增强高校思想政治教育的针对性和实效性，把社会主义核心价值观融入高等教育全过程，培养德智体美全面发展的社会主义建设者和接班人，这是我国高校思想政治教育发展进程中的又一里程碑。教育的根本任务是立德树人，青年大学生正处于价值观形成和确立的关键时期，在这一时期抓好价值观的养成和培育十分重要。通过入脑入心的思想政治教育，将中国梦筑成青年大学生的共同时代理想，以社会主义核心价值观作为青年大学生的价值取向标准，使其从中华民族传统文化瑰宝中汲取丰富的营养。

大学生是我国教育制度下培养的高层次人才，将责无旁贷地承担起建设中国特色社会主义和全面建成小康社会的历史重任。要使大学生成长为中国特色社会主义事业的合格建设者和可靠接班人，不仅要大力提高他们的科学文化素质，更要大力提高他们的思想政治素质。只有真正把思想政治教育工作做好，才能确保党和人民的事业代代相传，国家长治久安。

二、高校思想政治教育是社会主义现代化建设的必然要求

社会主义现代化进程在很大程度上取决于国民素质的提高和人才资源的开发。加强和改进高校思想政治教育工作是实现社会主义现代化建设目标的必然要求。

（一）人才是建设中国特色社会主义事业的保障

当今时代，知识经济方兴未艾，科技竞争日趋激烈，人才在社会发展中的作用越来越重要。人才是我国经济社会发展的第一资源。在知识经济时代，知识将成为占主导地位的重要资源和生产要素，对经济的发展比以往任何时候都具有更大的推动作用。掌握知识的人才必然成为一种重要的资源。人才作为先进生产力和先进文化的重要创造者，是生产力中最活跃的因素。只有重视人才这个经济社会发展的第一资源，才能更好地推动经济社会的发展。当今世界，国家之间的竞争从根本上说是人才的竞争。立足我国的基本国情，要实现跨越式发展，必须走人才强国之路。坚持发展依靠人才，可以缓解自然资源过度消耗的压力，发挥我国人力资源丰富的优势，为中国特色社会主义事业提供强有力的人才保证。青年人才是人才资源中的重要组成部分，代表着未来人才发展的方向。青年人才是我国人才发展的后续力量，要大力培育和开发青年人才，使其不断充实到我国人才队伍中来，为建设中国特色社会主义事业提供人才保障。

改革开放以来，党和国家领导人在高度关注经济建设的同时，更高度关注人的发展，关注人的思想道德素质、科学文化素质和心理素质的全面提升。我国正处在改革发展的关键阶段，全面建成小康社会，实现中华民族伟大复兴，需要大批高素质人才。2020 年 11 月 24 日，习近平在全国劳动模范和先进工作者表彰大会上的讲话中提到："劳动者素质对一个国家、一个民族发展至关重要。当今世界，综合国力的竞争归根到底是人才的竞争、劳动者素质的竞争。"人才是实现社会发展的重要动力，是提升我国核心竞争力和综合国力的关键力量。人才问题是关系党和国家事业发展的关键问题，高素质人才在党和国家工作全局中具有重要的地位。

（二）高校是培育高素质人才的重要基地

高等学校是培养高层次人才和高素质劳动者的摇篮，是科技创新的源泉。青年人才队伍的发展壮大能够为中国特色社会主义事业提供源源不断的人才动力。大学生是青年人才队伍的重要组成部分，是高素质人才的主力军。中国社会主义建设事业的合格人才应该有理想、有道德、有文化、有纪律，面向世界、面向未来、面向现代化，因而除了给学生以知识教育外，还必须对学生进行思想政治教育。在大学生的成长过程中，思想政治教育对大学生成长成才起着主导性作用。思想政治教育工作是启迪人的思想、塑造人的灵魂的重要工作，是保证人才具有良好思想道德素质的有效途径。这对于大学生认识并深刻理解自

己所肩负的历史使命，确保实现全面建成小康社会，进而实现现代化和中华民族伟大复兴的宏伟目标，具有重大而深远的战略意义。

思想政治教育能促使大学生精神需求得到满足，精神生活的质量不断提升，思想道德素质和科学文化素质不断提高，实现大学生的全面发展。高校思想政治教育工作就是用建设中国特色社会主义理论武装大学生头脑，用爱国主义、集体主义和社会主义的精神培养大学生，使之具有民族自豪感和时代使命感。只有切实加强和改进高校思想政治教育工作，才能培养造就千千万万具有高尚思想品质和良好道德修养、掌握现代化建设需要的丰富知识和扎实本领的优秀人才；才能使大学生认识到自己所肩负的历史使命，并将其内化为自己的信念，成为为祖国现代化事业不断奋斗的动力。

三、高校思想政治教育是大学生成长成才的内在需求

（一）高校思想政治教育是大学生健康成长的内在需要

改革开放以来，中国的社会主义现代化建设取得了举世瞩目的巨大成就，但也面临着不少发展方面的问题，这些问题正不同程度地影响着大学生的思想状况。社会主义市场经济是同社会主义基本制度结合在一起的，也是同社会主义精神文明结合在一起的，它必然要体现社会主义基本制度的要求，充分发挥社会主义的优越性。实践证明，发展社会主义市场经济有利于解放和发展社会生产力，增强社会主义国家的综合国力，提高人民的生活水平，也有利于增强人们的自立意识、竞争意识、效率意识、民主法治意识和开拓创新意识，调动人们的积极性和创造性，推动社会道德进步。但同时，市场自身的弱点和消极方面，如趋利性、自发性等也会反映到道德生活中，反映到人与人的关系中，容易诱发拜金主义、享乐主义和极端个人主义等消极现象，这些因素会干扰社会主义道德建设，阻碍社会主义市场经济的健康发展。

国家大力发展高等教育，全国普通高校招收大学生的数量成倍增长，数量的快速增长带来了不少问题。当前，大学生的就业问题比较突出，很多学生把专业课学习以及将来的就业看作重要的目标，对思想政治教育不够重视。学生数量的快速增加和专业设置以及教学改革不能很好地顺应时代的要求，直接影响了在校学生的思想情绪。同时，高校学生数量的增多加重了高校思想政治教育的工作任务，致使负责思想政治教育工作的人员相对减少，难以将工作做细。目前，高校思想政治教育工作中的一项重要任务，就是要通过思想政治教育工作改变大学生就业期望值过高的现状，使学生能够踏踏实实地学习，通过积极参与各种活动来提高自身的理论素养和专业能力。

（二）高校思想政治教育是大学生成才的内在需要

大学阶段是大学生获取知识、发展智力的最佳时期，也是他们思想觉悟、道德情感发展最积极的时期。在大学生成长成才的关键时期，必须有健康的思想、高尚的精神、良好的情操和在此基础上形成的克服种种困难的毅力等，这一切都有赖于高校思想政治教育。

思想政治教育能够帮助大学生形成正确的世界观、人生观和价值观。思想政治教育可以使大学生正确处理德与才的关系，自觉坚持加强思想道德素质修养与学习科学文化知识的统一，把思想道德素质修养与学习科学文化知识结合起来，进而促进综合素质的全面提高。思想政治教育能够促进大学生早日确立成才目标。个人发展应该与社会进步相一致，正确的成才目标应该符合所处时代的条件、尊重社会发展规律、顺应时代潮流。思想政治教育能够引导大学生思考大学与人生理想的关系，帮助大学生正确认识自身肩负的责任和使命，促进大学生立志成才。大学生有了目标和方向，就有了对自己的明确要求，就能集中时间和精力学习、提高和发展自己。选择正确的成才目标对大学生成才具有举足轻重的作用。因此，大学生成才目标的选择一定要坚持服务人民、奉献祖国的正确方向。识别人才要坚持德才兼备原则，而品德、知识、能力和业绩则是衡量人才的主要标准。所以，正确的成才目标应该定位在符合德才兼备的要求之上。思想政治教育能够帮助大学生用科学理论武装头脑，引导大学生树立正确的世界观、人生观、价值观、道德观及成才观，培养大学生的爱国情怀和优良品质。思想政治教育能够帮助大学生树立正确的目标，把个人的选择建立在社会需求的基础上，把个人的才智、兴趣充分发挥在远大而崇高的目标上，从而实现自己的价值，并为国家、民族创造出更多的价值。大学生的思想道德素质、科学文化素养和身心素质直接关系到人才强国战略的落实，关系到党和国家现代化建设事业的成败。

当今时代给大学生提供了一个广阔的成才空间，在成才的道路上，必须要有坚定的目标以及不畏艰苦、勇于拼搏的实践行动。崇高的目标可以鼓舞和引导大学生不断追求新知识，最大限度地开发自身的内在潜力。思想政治教育能够帮助大学生学习、掌握马克思主义的科学理论，并懂得把自身的学习同国家、民族的前途和命运紧密相连，始终以国家富强、民族振兴、人民幸福为己任，从而为大学生在成才路上不懈奋斗提供正确指导和精神动力。

第三节　高校思想政治教育中存在的问题与对策

我国大学生的思想状况总体上保持着积极向上、务实进取、健康发展的良好态势。但应该清醒地看到，由于经济全球化和我国社会的经济成分、组织形式、就业方式、利益关系和分配方式呈现多样化的趋势，高校学生在思维方式、生活方式、交往方式和价值取向等方面都发生了很大的变化，出现了许多新问题。严峻的现实提醒人们，当前大学生思想政治教育面临着许多新情况、新挑战，高校正成为各种思想文化相互激荡的前沿。

一、高校思想政治教育中存在的问题

（一）教育主体上出现的问题

1. 大学生价值取向的多样化

改革开放是一场革命，它在催生了人们许多积极的思想观念的同时，也给人们的精神世界带来了一些消极的影响。由于社会的经济成分、组织形式和就业方式、利益关系和分配方式日益多样化，人们思想活动的独立性、选择性、多变性和差异性明显增强，反映到思想意识和人与人的关系上，容易引发自由主义、拜金主义、享乐主义和利己主义。同时，我国社会长期存在的封建迷信思想观念在新的历史条件下也会沉渣泛起。大学生作为一个思想活跃、个性多样的社会群体，其思想状况更是呈现出多元化的特征。特别是随着我国高等教育大众化阶段的到来，招生规模的大幅度增长，就业方式的多样化，使得这种多元化特征更加突出。引导大学生在复杂的社会生活中树立正确的世界观、人生观和价值观需要付出更多的努力。

2. 大学生思想文化的多元化

当前国际形势跌宕起伏，政治多极化曲折发展，经济全球化不断推进，科技进步日新月异。全球化为西方意识形态的渗透创造了条件。西方敌对势力以全球化为载体，极力鼓吹西方民主制度与政党制度，标榜资产阶级的民主与自由，否定社会主义制度，夸大共产党党内存在的腐败现象，企图动摇人们对马克思主义的信仰和对共产党的信任。特别是东欧剧变、苏联解体，国际社会主义运动暂时处于低潮时期，西方的政治多元化对青年大学生产生了相当大的诱惑力，使得一部分人对马克思主义的信念和社会主义的发展前途产生了动摇。面对这样的形势应该培养什么样的人才，怎样培养人才，这是各个高校都面临的战略性和全局性的挑战。如何使马克思主义在多元文化中成为主流是高校思想政治教育面临的严峻问题。

3. 大学生现实生活的虚拟化

随着网络技术的快速发展，大学生已经成为网民的主体之一，计算机与网络技术的发展极大地方便了当代大学生去获取更多最新的知识和信息。但是网络上的信息良莠不齐，而色情、暴力、赌博、造假、诈骗等互联网不良信息对部分大学生的思想影响很大，其中大学生上当受骗的事件也时有发生。网络正在极大地改变着高校学生的生活方式、学习方式、交往方式、娱乐方式甚至是语言习惯，对大学生的学习、生活和思想观念产生着深刻影响。如何有的放矢地引导大学生辨析网络信息、增强其抵制虚拟世界各种诱惑的能力，是大学生思想政治教育的新课题。

4. 大学生心理健康问题的凸显化

当代大学生多数是独生子女，从小就备受呵护。传统的学而优则仕和应试教育的观念使家长和社会忽视了对他们的生存教育和意志品质培养。少数大学生已经形成懒惰、依赖、享乐的生活方式，进入大学后，面对集体生活和众多佼佼者的竞争以及学业、就业压力，容易产生各种心理问题。因此，如何引导大学生塑造健康的人格、提升其心理素质是值得重视的课题。

（二）教育客体上出现的问题

1. 在教学内容上偏重理论知识的讲授

高校所承担的思想政治教育主要体现在开设的思想政治理论课当中，按照《中共中央国务院关于进一步加强和改进大学生思想政治教育的意见》（中发〔2004〕16号）其实施方案，四年制本科开设四门思想政治理论必修课，分别是"马克思主义基本原理""毛泽东思想、邓小平理论和'三个代表'重要思想概论""中国近现代史纲要"和"思想道德修养与法律基础"。另外，开设"当代世界经济与政治"等选修课。

（1）"马克思主义基本原理"，着重讲授马克思主义的世界观和方法论，帮助学生从整体上把握马克思主义，正确认识人类社会发展的基本规律。

（2）"毛泽东思想、邓小平理论和'三个代表'重要思想概论"（2008年调整为"毛泽东思想和中国特色社会主义理论体系概论"），着重讲授中国共产党把马克思主义基本原理与中国实际相结合的历史进程，充分反映马克思主义中国化的三大理论成果，帮助学生系统掌握毛泽东思想、邓小平理论和"三个代表"重要思想基本原理，坚定在党的领导下走中国特色社会主义道路的理想信念。

（3）"中国近现代史纲要"，主要讲授中国近代以来抵御外来侵略、争取民族独立、推翻反动统治和实现人民解放的历史，帮助学生了解国史、国情，深刻领会历史和人民是怎样选择了马克思主义，选择了中国共产党，选择了社会主义道路。

（4）"思想道德修养与法律基础"，主要进行社会主义道德教育和法制教育，帮助学生增强社会主义法治观念，提高思想道德素质，解决成长成才过程中遇到的实际问题。

四门思想政治理论课课程分别承担着马克思主义理论教育的不同内容和任务，在正确教育引导学生成长成才中不同课程具有不同的侧重点。在具体实施过程中，应针对各学校办学实际、学生思想实际和地方实际，选择、调整和更新教学内容，以增强教学的实效性。然而，现实中很多思想政治课教师照本宣科，未能将国家的人才培养目标和本校的人才培养目标有效地结合起来，注重理论的讲授而忽略了对学生能力的培养。

2. 在教学方法上缺少与实践的结合

思想政治理论课仍是以课堂教学为主，虽然改变了过去的"填鸭式"教学方法，注意突出学生的主体地位，但在实际教学中仍有很多教师，试图以自己习惯使用的灌输说教的方式来达成预期的教学目标，这使得思想政治理论课教学止步于书本知识，缺乏对实践的指导。具体表现为：思想政治理论课教学基本上是在课堂上完成的，几乎没有涉及实践应用的环节，没有与学生的生活实际相结合，没有实现课堂内、外的互动；大多数教师只是讲授理论知识，没有组织学生走进社会、深入群众，将所学知识应用于实践；

只是让学生从书本中学习理论知识，而没有让学生去实践中学习体会理论知识的精髓所在。如此，必然使思想政治理论课教学失去说服力，从而使学生对于知识的把握流于表面，不能付诸实践。

思想政治理论课是一门"知行合一"的课程，除了对知识和理论的把握以外，对实践能力的培养同样重要。尤其是在很多学生对于老师喋喋不休的说教方式产生了逆反心理，感到厌烦和抗拒之时，此时的说教非但起不到教育的作用，甚至会把学生推到网络世界中去寻找心中的答案。面对当前大学生中出现的新情况、新问题，要做好学生的思想政治工作必须要深入研究大学生的思想状况，加强和改进思想政治工作的方式、方法。马克思在《1844年经济学哲学手稿》中指出："人类的特性恰恰就是自由的自觉的活动"。这就是说对于教育者而言在强调施教者作用的同时，还应高度重视受教者的主体地位，充分了解和尊重受教者的内心需求，尽可能地发挥他们的积极性和主动性，促使其能动、自发地进行思想、观念、感情和兴趣等的内心交流。新媒体为人们提供了平台，因而思想政治教师一定要根据学生和社会形势的变化探索教育的新途径、新方法。

3. 在教学环节上重视理论教学轻视实践教学

更新教学内容、创新教学方法的目的是激发学生的学习兴趣，提高学生的理论水平和道德修养。但这些理论和知识是否能内化为学生的信念来指导其行动，是否能很好地实现理论和实践的结合，关键是要通过思想政治理论课中实践这个中介和桥梁来检验。应该积极探索和建立社会实践与专业学习相结合，与社会服务相结合，与勤工助学相结合，与择业就业相结合，与创新创业相结合的管理体制。认真组织大学生参加军事训练、社会调查、生产劳动、志愿服务、公益活动、科技发明和勤工助学等实践活动，使大学生在社会实践活动中受教育、长才干、作贡献，增强社会责任感。要建设体现社会主义特点、时代特征和学校特色的校园文化，形成优良的校风、教风和学风。大力加强大学生文化素质教育，开展丰富多彩、积极向上的学术、科技、体育、艺术和娱乐活动，把德育与智育、体育、美育有机结合起来，寓教育于文化活动之中。但在具体实施过程中由于经费、实践课时、场所和时间等的限制，很多高校的实践教学还是流于形式，参与面和覆盖面都不广，深度也不够。因此，如何实现"走出去"，引导大学生走出校园、深入社会，使他们在实践的大课堂中了解国情、民意，正确把握社会现象、社会发展的本质和主流，推进社会实践活动与专业学习相结合，与服务社会相结合，与创新创业实践相结合的管理体制；如何实现"请进来"，从校外聘请专家、学者、企业管理人员和生产一线的工作人员，进入校园结合学生的专业和企业社会发展趋势进行专业教学或专题讲座，是一个复杂但值得探索的问题。

4. 思想道德教育在工作机制上尚存缺陷

多年来虽然各高校一直非常注重大学生思想道德建设，但是高校大学生思想道德教育的工作机制仍然存在一些缺陷。其主要表现为：一是德育的培养模式与德育的形成规律存在断裂现象，重德育知识的传授，轻道德实践活动。二是德育与智育存在断裂现象，德育与智育分属不同的系统，教书与育人分离。三是校园文化与社会文化存在断裂现象，高校、社会、家庭对大学生的思想道德教育尚未形成合力，甚至严重脱节；科学精神与人文精神的教育不能并举。四是高校学生思想政治教育工作缺乏灵活机制，抑制学生个性化发展，教育方式落后于社会发展，容易诱发学生的抵触情绪。如何创新大学生思想道德教育的工作机制，加强其针对性、实效性是亟须解决的问题。

5. 教育载体存在滞后性

传统高校思想政治教育的载体主要包括课堂教学、实践活动、校园文化、社团活动和班会等，这在当时的社会背景下对于保证思想政治教育课的教学效果起到了重要的作用。但是随着新媒体技术的发展，几乎所有大学生都如鱼得水般地融入了这个新技术环境中，导致大学生对于传统的教育载体认同度不高。具体表现为：思想政治理论课上很多学生是"身在曹营心在汉"，课上很多时间都在网上冲浪；还有一些学生认为参加社团活动就是浪费时间，不如登录校园论坛发发牢骚、吐吐槽；课余时间参加社会实践的学生有所减少，在网上聊天的学生越来越多。许多高校已经意识到了这个情况也开始尝试采用新媒体形式开展思想政治教育工作，例如，开设思想政治教育主题论坛，创建思想政治教育网站平台，开发和利用移动互联平台等。虽然这些新的载体对于提高思想政治教育课的教学效果起到了一定的作用，但实际上是"换汤不换药"，因虽利用了新的媒体形式，但内容还是传统的内容、说教还是传统的说教，这便直接导致了思想政治教育的载体实际上没能充分满足大学生的需要，这在一定程度上弱化了当代大学生思想政治教育的实际效果。

二、完善高校学生思想政治教育的有效措施

1. 坚持"以学生为本"的工作理念

当前形势下，高校学生思想政治教育的开展应当紧紧围绕人才培养目标，坚持以学生为主体，突出学生在思想政治教育中的主体地位，遵循"育人为本，德育为先"的教育原则，真正做到"以学生为本"。唯有如此，高校才能借助思想政治教育的开展，对学生的健康成长和人生发展提供更多的指导和帮助，调动学生在思想政治教育中的积极性和主动性，实现学生由"被动接受"到"主动学习"的积极转变。

2. 加强思想政治教育组织队伍建设

面对高校在校学生的不断增加，思想政治教育工作任务的不断加重，加强高校思想政治教育的组织队伍建设，提高教育工作者的综合素质是至关重要的。首先，学校应当制定完善的教育培训计划，督促教育工作者及时转变教育观念，完善知识结构，丰富进行思想政治教育的手段和方法，拓宽教育的渠道和路径，实现教育工作者工作职能的不断提高。其次，学校应当加强辅导员队伍建设，进一步发挥辅导员在学生思想政治教育工作中的职能和作用。因为辅导员平时与学生联系最为紧密，教学任务也相对较轻，加之辅导员年龄与大学生相近利于其把握大学生的思想动态和心智变化规律，故而加强辅导员队伍建设将有助于增强高校思想政治教育工作的针对性和有效性。

3. 紧密结合学生生活实际和个性化需求

大学生思想价值观念日趋多样化，个性化发展需求不断增长，要求高校学生思想政治教育工作的开展必须打破传统"填鸭式""一刀切"的教育模式，积极实现理论教学与实践教育的有效结合，深入学生的生活和实际，突出"以服务为中心"的工作基础，增强大学生的心理素质，帮助大学生树立正确的人生观、世界观、价值观和人生发展目标。此外，对于部分学生的个性化需求，教育工作者也应当引起足够的重视，确保其价值观念和思想动态沿着正确的轨道发展，增强其进行自我管理和自我控制的能力。

4. 充分利用网络等现代化教育手段和方法

要想增强高校学生思想政治教育工作的时代性和先进性，提高思想政治教育的成效，教育工作者必须对开展思想政治教育的手段与方法进行进一步的丰富和发展。例如，网络技术手段的应用，不仅能够增强课堂教育的艺术性和有效性，调动学生的学习主动性，还可以有效缩短师生之间的距离，为师生之间的交流和沟通提供良好的平台。同时，借助社会服务、课外实践等多种教育形式，可以进一步丰富高校学生思想政治教育工作的层次感和影响力。

在知识经济背景下，随着高校学生思想政治教育工作环境的变化，高校思想政治工作者应当打破传统教育模式和教育思维的限制，敢于对传统的教育模式和教育手段进行创新和发展，要树立正确的工作目标，紧密结合大学生的实际生活和现实需要，增强思想政治教育的针对性和实效性，提高当代大学生的综合素质，为我国的社会主义现代化建设提供更多的高素质人才。

第四节　高校思想政治教育模式探究

一、和谐视野下高校学生思想政治教育模式

高等学校作为培养、造就德智体美全面发展的社会主义事业建设者和接班人的摇篮，是构建社会主义和谐社会的重要阵地。因此，构建高校学生思想政治教育模式应以和谐为理念。和谐视野下的高校学生思想政治教育模式包括从教育目标到教育内容、教育主客体、教育环境、教育方法和教育管理等各方面均协调、匹配，且共同作用于高校学生的全面协调发展。

高校学生思想政治教育模式就是在一定思想政治理论的指导下，为解决高校学生思想政治教育问题而构建的教育目标、内容、方式、方法、手段和机制等方面的综合性理论模型和实践范式。可想而知，建立一个行之有效的思想政治教育模式对解决高校学生思想政

治教育问题有着重要的理论和实践意义。

高校学生是党和国家的宝贵人才资源，是建设和谐社会的重要力量。加强和改进高校学生思想政治教育，促进高校学生全面和谐发展，是建设和谐社会的必然要求。将高校学生思想政治教育纳入和谐视野下，是由其本质和内涵决定的。在和谐视野下构建高校学生思想政治教育模式，既是对高校学生思想政治教育工作的正确认识，也是对以往某些思想政治教育模式的反思。在和谐视野下，高校学生思想政治教育模式将和谐思想贯穿于教育目标、教育内容、教育主客体、教育环境、教育方法和教育管理等各方面，并使之形成一个系统、有机的整体。

（一）高校学生思想政治教育目标的和谐

以往的高校学生思想政治教育在教育目标的定位上模糊不清。早期的教育目标定位为"精英"型教育，偏重对高校学生进行政治教育、理想人格教育和高尚道德情操教育，偏离了学生的学习、生活和思想，实际效果不理想。大学扩招以后，大学教育开始从精英教育走向平民教育，倡导"大众"型教育，强调德育本身是面向大众、面向生活的，培养的是社会公民，而不是社会精英或者楷模。这种以平凡性代替高尚性的教育虽然是对过去"精英"型教育的一种反思，但却失去了思想政治教育的本质特征。

在和谐视野下，重新审视高校学生思想政治教育，其目标应该是培养和谐的人，造就和谐的人的个体，就是要使每一位学生有健全的人格和健康的心理，有正确的世界观、人生观和价值观，能合理地处理个人与自然、个人与社会错综复杂的关系，做到融入自然、融入社会，做到全面发展。这是一个大的目标体系，这个大的目标体系应该由若干个子目标构成：

1. 低层次目标——培养学生成为健全的人；
2. 中间层次目标——培养学生成为社会的人；
3. 高层次目标——培养学生成为一定阶级的人。

这些高低不等的目标构成一个完整和谐的目标体系，不可或缺也不可偏废。

（二）高校学生思想政治教育内容的和谐

在和谐视野下要求思想政治教育内容各要素间比例适当，相互协调，有机结合，构成一个整体，既要有高层次的政治教育，又要有知识教育、思想教育、道德教育、心理健康教育和法纪教育等，是一个层次不等但都不可偏废的有机系统。

此外，高校学生思想政治教育也不能缺少生活教育，毕竟教育的根本目的就是教会学生在社会生活中立身处世，学会做人。约翰·杜威明确提出"教育即生活"，我国著名教育家陶行知也提出了"生活即教育""社会即学校"的教育思想。生活教育要求德育从纯粹的理性世界和理想世界中走出来，回归丰富多彩的现实生活世界。在德育目标上，实现由约束性德育向发展性德育转变，注重引导学生学会做人，学会关爱，关注生活，珍爱生命，懂得礼貌，具有良好的行为习惯等基础德行；在德育内容上，德育内容应植根于现实生活中，服务于生活，突出"生活性"，注重责任心、同情心、爱心及诚信品质的培养。

（三）高校学生思想政治教育主客体的和谐

在传统的思想政治教育理论中，主客体是不和谐的。通常把教师看作教育活动的主体，把学生看作教育活动的客体、信息接收的"靶子"。把教师对学生的教育看作是单向灌输，没有考虑学生在接受教育活动中的积极主动性，违背了思想政治教育形成的规律，也违背了教育的根本目的，实际效果很差。近几年来，"以人为本"的教育理念盛行，开始把学生也看作教育活动的主体。提倡学生自主认识、自主选择、自主思维、自主控制以及自主完善等。在教育内容的选择上，关注学生的生活世界，贴近学生、贴近实际；在德育教育方法上，倡导对话教育、体验教育、自我教育和个性化教育；在教育管理上，要求人性化管理。

提倡主体性教育无疑是教育理念上的一大进步，也是破解高校学生思想政治教育实效低下的良方。与此同时，仍应看到，思想政治教育工作的主体之一——教师，一般都受过专门训练或经过较长时间的实践，掌握一定的理论，具有一定的教育经验和能力，加之他们是思想政治工作的组织者、策划者、实施者和调节者，在思想政治工作中发挥主导性作用实属必然。同时要发挥学生的主观能动性，倡导学生自我教育，这对学生自身的要求很高，不是每个学生都能做到的，且对某些高层次教育内容的学习，确实还需要教师的引导、说明和讲解，这更需要发挥教师的主导性作用。

因此，思想政治工作是"双主体"的工作，离开任何一个主体，思想政治工作的有效性都会受到影响，只有当双方的主体性都得到充分体现，思想政治工作才能取得成效。

（四）高校学生思想政治教育方法的和谐

传统的思想政治教育方法由于存在着明显的弊端，近年来一些新的教育方法，如生活教育、成长教育、网络教育等受到追捧。其实，各种教育方法都有其优劣，各有不同的适应对象和适应内容，应该互相补充、相互促进。

1.显性教育法与隐性教育法相和谐

显性教育是指公开并且有组织的教育体系，比如座谈、谈话、开会以及讨论学习等。理论教育方法、宣传教育方法、实践教育方法、疏导教育方法、榜样示范方法、批评教育方法等都属于显性教育方法。显性教育的优点非常明显：具有系统地传达社会主义主导思想理论与价值体系并促进学生主动或被动接受的功能，同时它还具有鲜明的思想导向和政治动员的造势功效。但显性教育方法的缺点也非常明显，比如说，有些道德教育内容难以通过直接的显性教育法实施，特别是这种方法容易给学生一种"强迫灌输"的感觉，从而使学生产生逆反心理，影响学生对教育内容的理解、接受和内化，从而在很大程度上削弱了思想政治教育的实际效果。

隐性教育法近年来在思想政治理论课教学和实践教学两方面都受到热捧。与显性教育法相反，它是一种不为教育对象感知自己在受教育的教育方法，它强调环境氛围的育人功能，重视良好环境氛围的营造，主张通过暗示、启迪、诱导和激励等手段，使受教育者在身边环境氛围的影响下，潜移默化地接受一定社会要求的世界观、价值观和道德文化等。隐性教育法弥补了显性教育法的缺陷：它把教育内容分散"渗透"到高校学生生活的各个方面，在不知不觉中影响高校学生思想道德价值观念。这种把抽象的理论寓于具体情境的方式，极大地减少了高校学生的逆反心理，从而对他们的思想、道德认知和行为产生一种无形的但有足够深度的影响，教育效果持久而稳定。但这种方法也有其缺点：由于缺乏系统性和规范性，使得思想政治教育处在一种松散的状态，没有明确的德育目标，极大地影响和削弱了思想道德教育的权威性和效果。

由此，可以看出，显性教育法和隐性教育法可以互为补充，在思想政治教育中可以协同作战、相互渗透、相互协调。

2. 灌输法与体验教育、成长教育相和谐

一方面，灌输法仍是高校学生思想政治教育的主流方法。思想政治教育带有强烈的意识形态色彩，其规律要求思想政治教育工作者必须对高校学生进行科学理论的灌输。另一方面，体验教育、成长教育在高校学生思想道德的培养上具有突出的优势。体验教育是建立在尊重受教育者主体地位的基础上，按建构主义原理而生成的一种教育方法，主要是指品德的学习不是道德知识的简单转移和传递，而是在活动中主动建构自己德性的过程。体验教育要求学校有效地组织道德实践活动，创设富有感染力的真实的道德情境，促发学生对道德的切身体验，使其理解社会的道德要求，并将之内化为自己的思想和外化为自己的行为。这种教育方法由于尊重了受教育者的主体地位，符合受教育者的思想形成规律，故而教育效果持久而稳定。成长教育是指通过组织学生按照一定的规范要求参加各种实践活动，或是通过规范学生日常生活行为而使学生逐步形成良好的思想品德和行为习惯的一种教育方法。成长教育认为思想品德的形成是在日常生活的行为习惯中养成的，它注重对学生良好行为习惯的培养，强调通过这种良好的行为让学生逐渐形成道德意识进而内化为自己的道德思想。这种教育方法很好地弥补了传统德育只进脑不进心，学生的道德知识不能转化为道德行为的缺陷，且一旦学生形成了良好的行为习惯，就不会轻易改变。

3. 课堂教学与网络教育、心理咨询相和谐

课堂教学作为传统的高校学生思想政治教育手段和方法，有其显著优点，但随着现代科技的发展，网络进入高校学生的生活且成为一种生活方式。学生们在网络中学习、交友、娱乐，在网络中传播信息也被信息传播和影响，如果不重视网络教育，就失去了思想政治教育的一种重要载体，造成思想政治教育的盲区。此外，利用心理咨询进行人生观、价值观教育，道德教育，社会适应教育，完善人格教育等，是对课堂教学的有益补充。处于改革大潮中的高校学生，面临人生、理想、专业学习和求职就业等一系列重大问题，心理压力会越来越大。相当多的学生思想问题归根结底是心理问题，这就需要用心理咨询的方法，提高高校学生的心理素质，帮助他们形成健全的人格，进而做好高校学生思想政治教育工作。

（五）高校学生思想政治教育与管理的相互和谐

高尚品德的培养，良好社会风尚的形成，既要靠耐心细致的思想政治教育，又要靠科学规范的严格管理。因此，管理也是高校学生思想政治教育中重要的一环。管理的目的很明确，就是通过各种法律、法规及规章制度来约束人的行为，使高校学生按照公共要求和道德规范参与社会生活，正确处理人与人、人与社会、人与自然的关系，这与思想政治教育的目的是一致的。教育通过内在的思想来管理人，管理通过外在的约束来教育人，教育与管理是相互和谐的。

在管理工作中要注意科学管理与人本管理的相互和谐。科学管理强调目标管理、严格的规章制度和计划、明确的职责和任务；人本管理指基于学生的独立人格、自由个性和情感需要，灵活艺术地开展学生管理活动，强调以"学生"为中心，把发展学生、解放学生作为管理的目的。这两种管理模式应相互匹配，既要有严格的规章制度，加强学生的日常管理，又要施以人性化管理，发展高校学生的智慧和能力，尊重他们的需求，同时在管理手段上采用说服教育、感情投入、关心体贴、形象影响、心理沟通和激励尊重等柔性管理方式，把组织者的意愿和管理者的目标变为高校学生自发或自觉的行动。

在和谐理念下构建一个和谐的高校学生思想政治教育模式，使思想政治教育的各方面、各环节都相互协调、相互匹配，才能最大限度地发挥思想政治教育工作的合力，使思想政治教育工作落到实处。加强和改进高校学生思想政治教育工作，是培养全面发展的高校学生，实现高校学生与社会和谐，与人和谐，与自身和谐，与自然和谐的重要途径。和谐视野下的高校思想政治教育工作对高校学生的成长具有潜移默化的影响，对高校学生学习如何做人、做事、做学问起着自然的引导作用。和谐视野是以校园为纽带的各种教育要素全面、协调、整体优化发展的育人氛围；是学校教育各子系统及各要素间的协调运转、相互依存、相互协调、相互促进的状态；是以人为本、民主法制、公平公正、充满活力、诚信友爱、安定有序和文明整洁的根本要求；是学校与社会互动、教与学相长、自然与人文共融和学校各项事业协调发展的效益保证。在和谐视野下，高校应该创新学生思想政治教育工作的模式和方法，切实加强和改进高校学生思想政治教育工作模式，促进高校学生全面和谐发展。

如何把握高校学生的现实思想特征，赋予高校学生思想政治教育的时代内涵，是值得永远探讨的话题。构建社会主义和谐社会理论是加强和改进当前高校学生思想政治教育的理论先导。在和谐视野中审视和提升高校学生思想政治教育，契合了高校学生的成长实际，适应了和谐社会人才培养要求，这对于开创高校学生思想政治教育的新局面，为社会主义和谐社会的构建输送高素质的建设者和接班人具有十分重要的意义。

二、高校学生公寓思想政治教育生态模式

环境因素是思想政治教育诸多因素中的重要内容。思想政治教育的环境因素包含诸多

方面，既包含了经济、政治和文化等因素，也囊括了学校、家庭等因素，可以说思想政治教育处于一个复杂的社会环境之中。邱柏生教授认为，这一系列因素不是孤立的，而是相互促进，协同作用，构成了思想政治教育环境互动的生态链条。环境因素、教育者和受教育者三部分共同构成了完整的生态环境。大学生公寓是学生日常生活与学习的重要场所，是课堂之外对学生进行思想教育和素质教育的重要基地，具有显著的第二课堂教育功能。思想政治教育进公寓是当前高校思想政治教育的新话题和新方向，受学生价值观的多元性、利益诉求的多样性和个性特点的多变性等因素的影响，如何发挥公寓思想政治教育育人作用，形成公寓思想政治教育生态的良性互动成为公寓思想政治教育的新话题。

（一）公寓思想政治教育生态系统的构成

公寓思想政治教育的生态环境包含主体（教育者）、客体（受教育者）、介体（教育的方式和方法）和环体（教育的环境条件），四个因素相辅相成，达到动态平衡。在这个生态系统中，教育的主体是入住公寓的思想政治辅导员，客体为学生，环体主要是指公寓的住宿环境和公寓的文化制度信息等，介体则是教育主体利用公寓环境对教育客体进行教育的方式方法，这几个因素在不断适应和能动地影响环境的过程中使思想政治教育系统达到动态平衡。

在该生态系统中，教育的环境条件（环体）与教育的主体（辅导员）和客体（学生）相互影响，教育主体通过教育的手段和途径（介体），充分利用环境的正影响力来对客体进行思想政治教育。教育环境具有丰富的影响因素，既有住宿环境等硬件因素，也有教育制度、管理规范和公寓文化等软件因素。

（二）公寓思想政治教育生态系统的运行模式

公寓思想政治教育生态系统是一个相对复杂的系统，各组成要素间相互联系和作用，在系统内外互动以达到动态平衡。公寓思想政治教育的生态循环主要依托两个循环链条，一个是教育者与受教育者之间的主客体生态循环，一个是教育环境与人之间的生态循环。

1. 公寓思想政治教育主客体之间的生态循环

教育者与受教育者是思想政治教育活动的最基本的因素，二者的关系也是思想政治教育活动中最核心的关系。在公寓思想政治教育生态系统中，教育者与受教育者是对立统一的，一方的存在必须以另一方的存在为基础。在实践中，公寓辅导员依据公寓学生具体的生活需求和思想动态针对性地开展相应的思想政治工作，把社会、学校认可的行为规范和价值观，通过显性和隐性的教育手段和方式"灌输"给学生，使学生形成科学、向上的价值取向。随着时间的推移，公寓辅导员和学生所具有的不同年龄段的性格和行为特点将日益凸显，这就要求教育者（公寓辅导员）要不断调试自身状态，不断加强自身的教育水平来应对不同的形势，这是主客体循环的一个方面。"教学相长"是教育的基本规律，也是主客体循环的另一个方面，公寓辅导员在解决学生的生活问题，做好思想引导等工作外，还要加强与学生之间的情感交流，充分发挥情绪价值在工作中的应用。如此，通过多方面工作的磨炼间接地提高公寓辅导员的思想政治教育能力和水平，进而形成教育主体和客体间的生态循环。

2.公寓思想政治教育环境与人之间的生态循环

一定的思想政治教育总是与一定的环境联系在一起并形成互动的，观念的形成与现实环境密切相关。在公寓思想政治教育环境与人之间的循环当中，公寓的软件、硬件环境对教育主体和客体都会产生深刻影响。公寓辅导员通过评价公寓环境形成公寓思想政治教育的基本判断和教育理念，将公寓所具有的文化内涵融入当前的教育手段当中，进而为思想政治教育工作服务。公寓的制度规范、文化内涵也会引导学生形成符合学校期待的行为规范，如公寓楼内张贴的"不准吸烟""不准随意丢垃圾"等标语会间接地、潜移默化地规范和约束学生的行为举止，这种之于行为方式的影响会逐渐扩大进而带动和影响整幢公寓楼内学生的行为。除了约束规范作用，公寓环境也会带动和促进学生的发展，在公寓楼内开展各种学风和党建活动，会使优秀学生汇聚在一起，在优良风气和榜样示范作用带动下，其他学生也会受到正面的影响。

（三）公寓思想政治教育生态系统的模式建构

高校公寓思想政治教育生态系统的良性运转取决于上述两个循环的和谐互动和相互协调，要使这个系统当中的能量和信息之间达成动态平衡，就必须遵循思想政治教育的发展规律，形成可持续性的生态模式。

1.以学生为本，建构和谐的教育主客体关系

大学生思想政治教育本质上应当是个体人格和思想政治品德的建构过程，是受教育者个体与社会规范要求之间的互动过程。在现实的公寓思想政治教育过程中，高校公寓思想政治教育在一定程度上演变为教育者对受教育者人格和行为规范的单向作用，只注重一味地"灌输"价值观和要求，从教育者自己的立场出发，为学生搭建所谓的教育平台或者教育途径，缺乏对大学生实际需求的关注。公寓辅导员在公寓思想政治教育中要承担诸如生活、党建、心理和就业等多方面的指导，但限于自身的理论素养和专业，公寓辅导员在为学生解决问题时显得"力不从心"，从而降低了工作效率及学生对公寓辅导员的信任与认可程度。

倡导以学生为本的公寓思想政治教育理念，就要求公寓辅导员提高自身的理论素养及自身调用各方资源的能力，为学生的个体人格发展做好指引和服务。此外，要遵循双向互动的思想政治教育规律，增强学生的主体意识，调动学生参与公寓实践的积极性，让学生在自我管理、自我服务的理念中锻炼自己的能力，建构自身良好的思想政治品德。

2.以人为本，建构环境与人的良性互动关系

"人类中心主义"生态伦理学强调人类对环境的绝对占有和支配，认为环境只是人类的附庸；而以人为本则强调人与环境的和谐互动，认为人与环境是相互依存的。在公寓思想政治教育过程中，环境因素发挥了重要作用，它是受教育者参与思想政治教育实践的重

要平台，也是思想政治教育发挥作用的重要载体。从这个意义上讲，教育环境和受教育者是统一的，教育环境的建设与受教育者主体素质的提升是相互依赖的，要倡导以人为本的环境建构理念，就要在公寓育人环境的创设中，注重学生的具体需求，发挥学生的能动性，让学生参与到环境建构的活动当中，提高学生在思想政治教育环境中自我建构的意识。

3. 以文化为本，建构可持续性的思想政治教育生态模式

从"育人"的角度看，文化与思想政治教育有着密不可分的内在联系。公寓思想政治教育并不是将公寓与思想政治教育整个大环境独立开来，而是将其作为高校思想政治教育的重要组成部分，构筑高校精神和文化理念的衔接，将学校的育人理念和文化内涵等引入到公寓这个重要的思想政治教育基地上来。文化作为公寓开展思想政治教育的精神指导，在育人方面发挥着提高思想政治教育针对性、吸引力和感染力的重要作用。

构建稳定的公寓教育内部文化理念，是学生价值观教育的核心内容，也是推进公寓思想政治教育的重要方面。如同家风、家训等对家庭价值观的影响，公寓教育内部的文化理念是营造公寓思想政治教育生态氛围的重要因素，在对学生人格塑造和价值观引导上具有潜移默化的作用。只有充分发挥具有延续性和传承性的公寓生态文化理念的作用，公寓思想政治教育的生态循环才具有可持续性。

三、大数据时代高校思想政治教育模式

大数据时代的到来，在使得数据信息传播得更快、覆盖面更广、影响更大的同时，也给高校思想政治教育工作带来了新的挑战。一方面，学生可以自由地接触到这些信息，开阔了学生的视野，拓展了学生的知识面，但同时也使得学生面对海量的信息无法作出正确的判断，容易迷失自我；另一方面，对于高校思想政治教育工作者来说，大数据能够帮助他们收集、整理信息，分析学生的思想动态，摆脱传统思想政治教育中不利因素的影响，但同时开放的信息使得学生可以脱离教师进行自主学习，导致思想政治教育主导有效性的降低。下面围绕大数据时代给高校思想政治教育带来的挑战，探讨大数据时代高校思想政治教育模式创新途径。

（一）大数据时代给高校思想政治教育带来的挑战

大数据时代的到来对高校学生来说就好比打开了新世界的大门，海量的信息充斥在学生周围，学生的视野一下子变得开阔起来。大数据能够满足学生的好奇心，拓展学生的思维，激发学生的求知欲，提升学生的创造力，帮助学生展示自我价值。大数据时代的到来也预示着信息全球化，高校学生能够在第一时间接触到来自全球不同国家、不同地区的数据信息，并在此基础上，经过判断取舍，从中获取自己想要的信息。大数据可以帮助学生理解和掌握最专业的知识，强化其主体意识，提升学生对课本知识的理解能力，补充课堂上讲不到的知识点，开拓学生的视野。但是大数据时代的到来，也会给高校学生带来一些不良影响，如面对海量的、良莠不齐的信息时，很多学生会感到迷茫、不知所措，一些不

良信息甚至还会使一些道德观薄弱的学生丧失正确的判断，从而迷失自我，放纵自我，使其道德观念日渐淡薄，责任感弱化，最终导致价值观缺失。

大数据时代的到来，使高校教师也受到了一定的挑战。开展高校思想政治教育工作最重要的是师生之间有效的沟通和交流，传统的思想政治教育方式基本上是教师找个别学生谈话，或举行主题班会等，但是这种方式因为受到教学能力和心理因素等的影响，常常使教师无法及时准确地掌握学生的思想变化，并最终导致思想政治教育工作的结果很不理想。大数据时代的到来，使学生能够自由地发表自己的看法与意见，通过收集、汇总和分析这些数据教师可以获取学生的思想动态，打破了传统的思想政治教育环境的束缚，摆脱了传统思想政治教育中的不利因素。教育工作者利用大数据及时掌握学生的思想变化，可以更好地引导学生树立正确的人生观、价值观与世界观，因此大数据为思想政治教育工作搭建了新的教育平台。但与此同时，进入大数据信息时代，学生能够根据自身需求去挖掘、分析数据，形成自我认知，这也容易造成师生对思想政治理解程度不一样的情况；因为大数据使得人人都能在第一时间获取信息，学生获取信息的时间可能会比教师更早，获取的信息也可能比教师更全面；在获取信息的时候，学生倾向于收集有利于自己判断的信息，这些信息可能会影响其正确价值观念的形成，这也会导致高校教师在进行思想政治教育工作的时候受到更多挑战；大数据具有开放、多元、便捷的特点，学生可以利用课余时间脱离教师自主学习，这也会大大降低思想政治教育的主导性，进而影响高校思想政治教育的有效性。

（二）大数据时代高校思想政治教育模式创新途径

1. 树立大数据意识，提高思想政治教育新的有效性

截至 2020 年底，全球互联网用户已经达到 46.6 亿，相当于全球人口的 59.5%，而我国的网民已经达到了 9.89 亿，这些数据都表明了互联网信息在人们生活中随处可见。大数据时代的到来，让信息传播更加快速，信息覆盖面也越来越广，同时信息管控难度也越来越大，高校思想政治教育应该树立大数据意识，才能够提高其有效性。在大数据环境下，高校思想政治教育工作者应该具备对数据信息的敏感度，对于能够提升高校学生价值取向与精神风貌的内容要多收集，并注意寻找出这些信息的规律，切实地加以利用，以提升高校思想政治教育的有效性。在进行思想政治教育工作时，要不断改进和创新传统教学方法，善于从众多数据中发现关联性，从宏观上进行整体把控，及时掌握学生的思想动态变化，根据学生的实际情况与思想政治需求进行针对性教育，从而提高思想政治教育的有效性，培养学生正确的思想政治观念。

2. 依据大数据分析，开拓思想政治教育途径

思想政治教育是社会或社会群体用一定的思想观念、政治观点、道德规范，对其成员施加有目的、有计划、有组织的影响，使他们形成符合一定社会所要求的思想品德的社会实践活动。在大数据时代下，教师可以收集学生查阅、分享和制作的数据，科学地分析这

些数据，借此初步掌握学生的思想变化，为思想政治教育工作提供一定的参考依据。学生的思想变化是复杂的，所以高校思想政治教育工作者要借助大数据开放、便捷、共享的特点，多渠道地收集不同学科、不同学习资源的信息，多角度地对数据进行分析，以便更加全面地掌握学生的思想动态。大数据时代的到来，使得思想政治教育工作者可以在不同空间，随时随地地对学生进行思想政治教育，教师可以根据不同的场合采用不同的教育方法，让学生接受思想政治教育。比如可以利用微信、QQ等网络沟通工具与学生进行交流，与学生做朋友，再根据情况有针对性地、隐蔽地开展教育工作。高校思想政治教育还要做好预防工作，教师可以根据大数据传播速度快、信息覆盖面广等特点，主动创作一些有益信息，让更多的学生能够接受思想政治教育。

3. 结合大数据特点，创新思想政治教育有效机制

大数据是开放的，信息可以共享，所以要做好信息保密工作，减少个人信息的泄露。思想政治教育工作者在对学生的思想动态进行收集、分析时，也要解决信息安全问题，保护好学生的个人隐私。大数据时代对思想政治教育专业人才要求越来越高，因此高校还应该做好专业人才的培养工作，提升其思想政治教育工作效率。一方面可以对现有的教师队伍进行培训，使其树立大数据意识，运用大数据技术提升思想政治教育效果；另一方面也可以引进专业人才，提高思想政治教育队伍的总体水平。

4. 创建大数据队伍，构建高校思想政治教学辅助系统

要想实现大数据的导入、分析以及实际运用，关键是要靠专业队伍。传统的课堂是教师进行知识传授，以考试成绩作为学生的评价标准；而大数据是结合动态性与过程性的综合评价指标，通过学生综合素质能力测评、社会热点评述和网络小论文等方式来综合评判，更加全面地体现了高校思想政治教育的教学目标。所以，高校创建思想政治教育大数据收集、分析、教育队伍，尤为重要。大数据收集队伍主要负责数据平台的建设以及动态搜集工作，让数据平台通过数据来挖掘学生关注的热点，自动生成大数据结果表；大数据分析队伍主要是由有计算机经验的教师组成，能够根据需求运用计算机算法及公式来分析不同大数据信息的相互关联性；大数据教育队伍则由思想政治教育教师组成，通过大数据的分析结果，及时地进行问题跟踪与处理。针对大数据分析出来的问题，教师可以通过开放式的互联网资源寻找相关资料来分析、解决。且思想政治教育具有前瞻性，要求教师能够分析当前学生思想上存在的问题，有针对性地进行课堂教学。这不仅能够提升学生的思想政治综合素质，也能够提升教师自身的思想政治教育理论，使其可以及时地针对学生关注的问题进行指导与解答，从而构建起集"技术—分析—教育"于一体的高校思想政治教育辅助系统。

大数据时代给高校思想政治教育带来了新的挑战，但这也是一个机遇。只要掌握大数据的特点，树立大数据意识，结合大数据特点来创新高校思想政治教育方式，就能提高思想政治教学的有效性。当然，大数据时代下开展高校思想政治教育不是一个人的事，全面提高高校思想政治教育水平需要依靠具有不同专长的教师的共同努力。

四、学习共同体视域下高校思想政治教育模式

随着社会的不断进步，我国不仅需要创新能力和实践能力较强的人才，还需要思想政治素质高的人才。高校教育顺应社会经济的发展，也在不断改革和创新，其中高校的思想政治教育是高校教育模式改革的重要内容，是教育界很多专家重点研究的课题之一。很多高校都对思想政治教育进行了积极的探索，将学习共同体应用在高校思想政治教育中，这是一项创新的教育方式，有着传统教育模式所不能比拟的优势。

（一）学习共同体的内涵

学习共同体来源于"共同体"和"实践共同体"，是二者紧密连接的产物。学习共同体是指学生和教师连接在一起，二者在共同的学习活动中围绕一个主题，在同样的学习氛围下，通过"活动—参与—反思—对话—合作解决问题"来构建的一个相互影响、相互促进的基层学习集体。在学习共同体中，教师和学生能够在共同的学习活动中展开充分的交流与沟通，相互分享彼此的学习资源，继而促使彼此的知识、情感和思想等的相互融合、创新。在共同学习的过程中，教师和学生之间的关系会变得更加和谐，二者在学习和沟通中不仅获得了知识，还收获了快乐。可以这样说，学习共同体不仅是一种学习的组织方式，还是一种促进和谐人际交往的重要途径，同时又是一种科学育人的重要形式。在学习共同体视域下，教师和学生以一种对等的关系进行学习，不但促进了信息之间的相互流通，而且实现了师生之间情感的交流。

（二）学习共同体的基本特征

1. 具有共同的学习目标

学习共同体是以具有共同学习目标为根本的学习组织形式，它是可以通过班级、小组等形式进行的；同时，也是分层次进行的，且这个层次是可以深入扩展的。在以学习共同体为基础所开展的班级或者是小组的学习活动中，学生和教师都有着一个共同的学习目标，都是针对同一个问题或者是围绕同一个话题展开讨论和行动的；在实现这个共同的学习目标的过程中，教师和学生彼此之间的影响是多样性的，并且可以使各自的长处和优势得到最大限度的发挥，小组成员之间是相互依存、相互作用的，他们共同构成了一个完整的整体。学习共同体其相同的学习目标对个体或者组织都是有利的。其一，这个相同的学习目标能够给每一个个体以强烈的归属感和动力，促进组织和个体不断地进步和发展；其二，共同的学习目标为组织中的个体提供了一同发挥力量的平台，使每一个成员都可以参与其中，共同促使学习目标的实现。

2. 强调对等关系结构

学习共同体以班级为形式展开，在这个过程中，教师和学生彼此之间进行交流与沟通，并且在一定的学习氛围中进行思考与评判，进而实现对知识的理解和掌握。在学习共同体的课堂学习中，两个交往的主体分别是教师和学生，教师和学生之间强调的是一种对等的

关系。学习共同体的主体不是以教育对方或改变对方为目的，而是成为在一个共同的话题中相互合作和沟通的"你"和"我"，教师和学生变成了合作的参与者。在这样一个新型的关系结构中，学生不再只是被动地接受教师所传授的知识，而是一个积极参与知识学习和探索的主体；教师也不再是传统的知识教授者，而是作为另一个参与主体，对学生进行思想和学习上的引导。

3. 促进师生共同成长

上文已经说到，以学习共同体为学习组织形式的课程教学，教师和学生是彼此对等的动态关系。首先，教学不再只是重视对知识的传授，更强调引导学生自主地学习，教师从中起到引导的作用；其次，在教学中教师也不再只是知识的传授者，也可以是学习交流中的参与者，有时候甚至可以是被教育者；另外，学生在接受教师教育的时候，也可以成为教育者。借助于学习共同体的组织教学模式，学生和教师成为学习双主体，对学习有着同等的责任，二者相互合作、彼此交流，通过一系列的共同活动实现知识的交互、情感的交流，从而最大限度地发挥彼此的优势和作用，并且使自己和对方的知识变得更加丰富，达到更好的学习效果。

（三）学习共同体的作用

学习共同体的组织教学形式对高校思想政治教育有着重要的作用和影响，其价值和作用主要可以通过以下几个方面体现出来：

1. 提升教学效果

学习共同体和高校思想政治教育是相互协调的。学习共同体是完全符合高校思想政治教育目标的学习组织形式，将其应用在高校思想政治教育课程中，是一种提升教学效果的最佳方式。思想政治教育是高校教学的重要组成部分，与其他教育课程相比，高校思想政治教育课程显得比较特殊，其不仅重视对学生知识的传授，更加重视引导学生树立正确的人生观、世界观和价值观。高校思想政治教育旨在帮助学生学习马克思主义理论、社会主义核心价值观以及培养学生发现问题、分析问题、解决问题的能力，这些内容只依靠教师的课程教学是不能完全实现的。学生形成正确的价值观需要养成理性思维的习惯，需要一定的情感共鸣；同时，学生思维方式的培养，也需要他们自主的探索和学习。在学习共同体的教学模式中，高校思想政治教育课堂将会以小组的组织形式开展，在共同的学习目标下，学生能够更加积极和主动地参与学习和讨论，并且通过积极主动的学习、思考和探索，提升思维能力；学生和学生之间能够在相互的交流和沟通中，彼此相互作用和影响，进而加深对知识的理解和掌握，并且对思想政治教育中科学的价值观有所认同。

2. 提升教学针对性和实效性

学习共同体给予了教师和学生一个可以自由沟通的场所，在这个学习空间里，教师和学生的地位是平等的，这是思想政治教育中教师了解学生、学生认同教师的重要前提。在此前提下，教师才能有计划地设置教学形式和课堂情景，进而提升思想政治教育的针对性和实效性。美国著名教育学家约翰·杜威在《民主主义与教育》一书中提到："在共同、共同体和沟通这几个词之间，不仅字面上有联系，人们因为有共同的东西而生活在一个共同体内；而沟通乃是他们达到占有共同的东西的方法。"在高校思想政治教育课程中，教师所承担的任务比较重，不仅需要对教学的用书有着深入的了解，明确地知道教学的目标、内容和任务，即思想政治教育到底需要教给学生什么内容；还需要对学生的真实想法有深刻的了解，了解学生所关注的问题、了解学生所掌握的知识、了解学生的内心世界，只有这样教师才能做到与学生相互了解。这样，教师在课堂教学中就能设计出适合学生或者是学生感兴趣的内容，激发学生的学习兴趣和学习动机，引导学生参与课程学习。教师需要根据学生现有的知识基础，为学生构建出新旧知识的关系，并且以此为切入点引导学生参与讨论，以启发式的方式引导学生养成思考的好习惯，使学生自主掌握知识的规律，自觉改正思想上的不足，引导学生的学习朝着有意义的方向前进。

3. 弥补应试教育不足

在传统的教育模式下，教师更重视学生的成绩与分数，其教学过程也是采取灌输式的教学方式。这种教育模式有着很多不足，它不仅限制了学生的天性，也限制了学生多样化的发展。学习共同体是对传统教育模式的一种颠覆，它否定了将学生作为知识容器的教学方式，反对灌输式的教学；提倡交互式的教学方式，认为教学过程是一种对话的过程，是教师和学生之间互相学习、交流、理解的过程。通过教师和学生之间的对话，使学生对自己有更深刻的认识，学会理解他人，学会与别人交往；激发学生理性的思维；促使学生形成批判、反思和创新的思维方式。因此，将学习共同体应用在高校思想政治教育中，能更好地培养学生的学习能力、沟通能力、实践能力和创新能力，对培养社会主义合格建设者和可靠接班人起着重要作用。

（四）学习共同体视域下高校思想政治教育模式的运行策略

1. 构建学习共同体和谐的人际关系

采用学习共同体模式的高校思想政治教育需要以构建和谐的人际关系为前提。学习共同体模式下的高校思想政治教育是一个教师和学生交互的过程，在这样的教学课堂中，教师和学生对彼此完全地信任，这里是学习双主体互相学习的家园。教师和学生之间的关系只有保持和谐，学生才能更加放心地学习，才能获得精神上的归属，进而也对思想政治教育的目标有所认同，主动地参与学习，与教师共同努力，致力于完成学习目标，最终在学习的过程中取得进步。高校思想政治教育要想构建和谐的师生关系，首先，需要对现有的师生关系进行反思，教师应该本着"以人为本"的教学思想进行教学，重视学生学习的主体地位，在教学中关心学生、爱护学生、尊重学生，善于发现学生的潜能以及学生身上的优点，并且适时地激发和鼓励学生表现自己，包容学生的缺点，不对学生提出过高的要求；其次，教师应该重新审视学生之间的关系，引导学生树立正确的竞争意识，杜绝学生之间的不良竞争，让学生深刻地认识到掌握知识还需要交流和沟通，使学生明白只有主动与别人分享自己学习中的发现，才能实现与同学之间的情感共鸣和知识的交互。

2.构建学习共同体互动平台

每个学生都认真地学习并不是学习共同体，学习不能孤军奋战，它需要学生之间的相互配合和共同努力。学习共同体是相互合作、交流，沟通情感和知识共享的一个过程。教师要善于调动学生参与学习、沟通的主动性，为学生构建一个互动的平台。首先，教师需要以思想政治课教学内容为基础，设计出学生感兴趣的话题或者问题，使学生更加愿意参与教学讨论活动，培养学生之间的默契，将学习信息最大范围地扩展，提升学生学习的成效；其次，教师作为教学的组织者，需要对学生的心理特点和学习基础有深刻的了解，以提出合适的问题，并且对不同的学生采取针对性的引导，这也是对教师教学能力的一个重要考验。

3.营造学习共同体良好的学习氛围

高校思想政治教育通过创设问题，促使学生在相互合作的基础上对知识进行分析和讨论，分享自己的意见和观点，旨在使学生都能够深刻地认识到学习是一件快乐的事情。首先，学习共同体模式下的高校思想政治教育重在培养学生之间相互合作、彼此欣赏的意识。因此，教师需要为学生营造一个良好的学习氛围，鼓励学生相互学习、相互欣赏，并通过分享获得快乐。其次，学习共同体模式下的高校思想政治教育重在培养学生的合作意识。教师需要通过小组学习的形式，让每一个学生都能感受到集体的归属感和荣誉感。最后，学习共同体模式下的高校思想政治教育重在培养学生的宽容意识。在学习共同体中，学生的思想和知识水平都是不一样的，不同的知识有着不同的来源和背景，教师不能对知识进行等级的划分，而应该鼓励学生在对问题的讨论中各抒己见。

综上所述，经过对学习共同体的不断研究可以发现，学习共同体能够让学生通过实践体会到自身的积极价值，并且也能够激发大学生参加思想政治学习的兴趣，促使学生主动学习，不断成长，使其真正体会到思想政治教育的意义，从而寻找出自己人生的方向和价值。

五、高校共青团思想政治教育工作模式

高校团组织是党委、行政联系广大青年学生的桥梁和纽带，在思想政治教育中担当着独特的角色，发挥着积极的作用。团干部要深刻领会关于进一步加强和改进大学生思想政治教育的精神，努力探索共青团新的工作模式，促进大学生思想政治教育的创新与发展。

（一）高校共青团思想政治教育工作的新挑战

1.当代大学生的新特点

从总体来看，当代大学生普遍认同中国特色社会主义共同理想，拥护中国共产党领导，拥护国家的大政方针，关心改革开放的各项举措，对于中国梦的实现充满信心。他们思想活跃，兴趣广泛，积极参加各种实践活动；重视自我的专业发展及自身价值的实现；关心

时事政策，关注社会发展。但是，还应看到，一些大学生不同程度地存在着政治信仰迷茫、理想信念模糊、价值取向扭曲、诚信意识淡薄、社会责任感缺乏、艰苦奋斗精神淡化、团结协作观念较差和心理素质欠佳等问题。

与其他社会群体相比较，当代大学生群体具有鲜明的特点：一是群体规模大、数量多。根据国家统计局发布的《中华人民共和国 2020 年国民经济和社会发展统计公报》，我国全年在学研究生 314.0 万人、在校本专科生 3 285.3 万人，总规模达 3 599.3 万人。二是以"00后"为主体，独生子女占大多数。他们出生于改革开放年代，伴随着社会主义市场经济建设而成长，经历了社会经济的快速发展和思想观念的加速变迁。三是接受了规范化的正统教育，价值取向积极、健康。

2. 国内外形势变化所带来的新挑战

改革开放四十多年来，解放思想、与时俱进、敢于创新的局面已经形成，人们思想活动的独立性、活跃性、选择性和多维化程度增强。社会环境潜移默化的作用，虽然有利于大学生独立意识、成才意识和创新精神的培养，但也容易产生负面影响。随着现代科技迅速发展，各种便捷的高新科技工具得到广泛应用，人们通过互联网、微博、微信和 QQ 等通信工具实现了即时的信息传送和沟通交流，大学生的人生观、世界观和价值观随之呈现出多元化态势。处于社会转型期的今天，各种新的文化思潮和价值观念冲击着大学生的思想。"90 后""00 后"的大学生大多是独生子女，独特的生活环境使他们普遍存在着以自我为中心、生活自理能力较差、抗挫折能力较弱、自我期望值过高和学习生活条件要求过高等问题。一些学生还不同程度地存在着思想迷茫、精神懈怠、理想缺失、集体观念淡薄和责任意识不强等问题。

3. 共青团组织自身工作的局限性所带来的新挑战

随着现代社会高速发展，广大青年的需求日渐丰富，然而有些团组织的工作方式和方法还没有走出计划经济体制的束缚。比如，习惯于根据表面情况制定规划，较少实质性地解决问题；习惯于自上而下的指令性工作部署，较少深入基层进行分类指导服务；习惯于"号召型""活动型"的群众工作方式，较少深入细致地开展针对性工作。面对新形势，部分高校团组织仍沿用以往旧的活动方式，脱离了时代现实，具体表现在：网络思想政治教育工作未适应网络的快速发展；思想政治教育措施缺乏系统性、连贯性和针对性；理论研究水平偏低，研究深度不够，研究成果偏少等。

4. 思想政治理论课教学内容与经济社会发展相脱节所带来的新挑战

高校思想政治教育以"思想政治理论课"为主渠道、主阵地，而理论联系实际又是其最重要的教学原则，思想政治课教学倘若违背了这一原则，势必会成为无源之水、无本之木。然而在实际的教学中，许多高校不同程度地存在着理论脱离实际的情况，把思想政治课讲成纯理论课，把其变成了空洞的说教。从教学内容来看也存在着一些问题：一是部分内容与中学课程存在着重复，高校思想政治课在学生眼里无疑是"炒冷饭"，缺乏应有的吸引力；二是各门课程之间许多内容交叉重叠，学生认为虽然学习了几门课，但都是在重复，调动不了学生学习的热情；三是教学内容更新速度较慢，总是滞后于实践，缺乏时代感、超前性，致使学生学习兴趣索然；四是由于学科的不断整合，导致新教材内容多，受课时数限制，有些内容很难展开讲，以致教学与现实社会、市场经济脱节，学生很难理解和接受，无法达到预期效果。

（二）高校共青团思想政治教育工作的新模式

1. 深化理论学习活动，以科学理论武装人

（1）坚持系统理论学习，加强团的思想建设

在理论学习活动中，要把提高理论水平与强化素质教育结合起来，丰富主题实践的载体形式。要坚持团员意识教育与大学生思想政治教育相结合，进一步加强和改进大学生思想政治教育的方式方法，深入开展爱国主义、集体主义和社会主义教育，主动践行社会主义核心价值观，切实提高教育活动的思想性和针对性。

（2）坚持党建带团建，加强团的组织建设

首先，要切实加强对团工作的领导。高校各级党组织要提高认识，定期召开会议，研究和解决团工作方面的重要问题。其次，高校各级党组织要从制度上规范团的工作，使之沿着正确的方向健康发展。最后，将团建工作融入党建制度体系。党组织把团的建设作为党建工作的重要内容纳入党的建设总体规划，加强团组织基本制度建设，促使形成目标共定、内容衔接、机制配套、相互促进的基层党建带团建目标管理机制，深化党建带团建工作。

（3）尊重团组织的创造性，重视团员的主体作用

人民群众是人类历史的创造者。在各项工作中，不仅要充分发挥基层团组织的创造性，放手让他们开展工作，开拓创新，探索行之有效的工作方式及途径；还要高度重视团员的主体作用，充分发挥团员的主动性。

2. 拓展学生社会实践活动，以深入实践锻造人

2013年5月4日，习近平在同各界优秀青年代表座谈时，曾以"在实现中国梦的生动实践中放飞青春梦想"勉励青年。当前高校思想政治教育，较为重视传授基本知识、基本理论，但在开展实践教学、让学生亲身体验方面还做得不够。高校要广泛开展专业实践、课程实践，广泛开展生产实践、社会实践，广泛开展社团活动、青年志愿者活动，从而使学生通过实践了解国情、社情、民情，感受改革开放成就，培养自身实践能力，锻炼专业技能，坚定"四个自信"。青年志愿者活动是当代大学生传承中华优秀传统文化，弘扬民族精神、时代精神和革命精神的行动体现。对于大学生的成长来说，青年志愿者活动有助于其内化道德要求、培养良好品行、养成道德习惯。

3. 建设积极健康的校园文化，以先进文化塑造人

积极建设健康向上的校园文化，优化育人环境，是培养社会主义"四有"新人的客观要求。高校团组织可通过开展学生喜爱的、富有格调、特色突出的校园文化活动，来进一步弘扬和培育社会主义核心价值观，形成健康、文明、向上的校园文化氛围，活跃校园学

术氛围。例如：重视营造温馨的、充满人文关怀的氛围，每年举办体育文化节，帮助学生树立健康第一的理念，组织"走下网络、走出宿舍、走向操场"的群众性课外体育锻炼系列活动等，为促进学生全面成才创造良好的外部条件。

4. 积极促进大学生就业创业，以优质就业激励人

近年来，高校毕业生就业难的问题逐年加重。共青团组织参与解决就业难的问题，就要结合实际，发挥自身优势，在组织勤工俭学活动，开展就业演练，更新就业理念等方面主动作为。共青团组织可以通过开展多种形式的教育实践活动，促使大学生树立正确的就业观和择业观；通过各类学生社团，如大学生职业发展协会、农工教育发展协会，举办诸如大学生职业生涯规划大赛、大学生学业规划大赛等各类竞赛活动，营造优良的"规划大学四年学习，规划自身职业生涯"的氛围；积极建设各类"就业见习基地"，让大学生在校期间有机会到基地见习，提高其就业创业的本领。

5. 强化网络思想教育功能，以网络文化熏陶人

党的十八大报告指出："加强和改进网络内容建设，唱响网上主旋律。加强网络社会管理，推进网络规范有序运行。"在我国网民数量近 10 亿人的今天，共青团组织作为党的助手和后备军，一是要加强管理制度建设，构建网络监督和引导机制，抓好基层团组织、社团组织、专业班级网页内容审核工作，抓好校园网络进出内容审核工作；二是要利用网站、微博和微信等平台创建"红色"主题栏目，唱响网上主旋律，凝聚网络正能量；三是要提高共青团网络的吸引力，通过主题网站、微信公众号和官方微博发布教学活动、校园生活的动态信息，以平等交流的方式进行热点事件的正面引导，提供兼具知识性、思想性和趣味性的服务，充分发挥网站、微博和微信潜移默化的熏陶作用。

6. 主动帮扶"弱势群体"学生，以贴心服务暖化人

在朝着"全面建成小康社会""奋力实现中华民族伟大复兴中国梦"的目标迈进的时候，团组织应当对"弱势群体"学生，即存在经济贫困、学习困难、心理问题、情感困惑、身体缺陷或家庭变故等问题的学生，给予无微不至的关怀和帮助。当前，在党和政府、社会各界人士热心关爱、大力资助之下，贫困生的困难状况得到了一定程度的缓解。同时，他们还可通过勤工俭学的方式，依靠自身的努力克服困难。共青团组织应当关注、关爱他们，一方面要与他们交朋友，既从物质上给予资助，又从精神上给予鼓励，使他们坚定"克服困难"的信心；另一方面，还要构建长效帮扶机制，实行跟踪管理制度，确保"弱势群体"学生能够完成学业。

（三）高校共青团思想政治教育工作的新收获

1. 提高了思想政治教育的实效性

团组织坚持解决思想问题与解决实际问题相结合的原则，重视拓展社会实践，使学生在锻炼中成长。团干部在实践活动中，与学生平等交流，更易于掌握学生心理活动，摸准学生思想动态，从而针对性地开展教育活动；大学生在深入实践活动中，将会更为积极、

主动，从而使得思想政治教育的实效性也更强。

2. 赢得了广大青年学生的信任

2015 年 7 月 24 日，习近平在《致全国青联十二届全委会和全国学联二十六大的贺信》中指出："祖国的未来属于青年，重视青年就是重视未来。"组织青年、引导青年、服务青年、维护青少年权益，是共青团的基本职能。团干部只有脚踏实地干一番事业，才能赢得学生的信任，提高自己的威信，增强团组织的吸引力。受社会经济发展的影响，当代大学生的学风更为务实，他们注重真才实学、注重实践锻炼、注重学习实效；他们更乐于参加社会实践，在实践活动中证明真理、得到真理。共青团组织坚持创新工作模式，发挥自身专长，开展丰富多彩的实践活动，组织学生学习理论，这必将有利于引导大学生践行社会主义核心价值观，服务学生成长成才，也一定会赢得广泛信任。

3. 增强了共青团组织的凝聚力

共青团组织要健全和完善共青团工作规范，加强信息交流，促进沟通，听取团员的意见和建议，让广大团员参与工作决策与管理；要注意了解每一位青年团员的个性、特长，做到"知人善任""人尽其才"，使"英雄"有"用武之地"；要注重引导学生正确认识个人与集体、个人与社会的关系，正确处理个人利益与集体利益、个人利益与社会利益的关系，使广大团员树立正确的集体主义价值观，这也增强了共青团组织的凝聚力和向心力。实践证明，不断创新思想政治教育工作模式，能够使共青团组织的工作变得更为有效。

4. 扩大了高校共青团的影响力

高校共青团组织在履行职能的过程中，要广泛接触社会各界，广泛动员团员，通过"社会化"工作方式扩大自身的影响力。在帮扶"弱势群体"学生时，向社会各界募捐善款，为学生寻找、提供勤工助学岗位；在服务学生就业创业时，与产业单位联系，共建"就业创业见习基地"，并组织学生赴各地实践；在开展网络思想教育时，通过自身主题网站、官方微博和微信公众号，对学生进行思想教育引导；在进行团组织民主管理时，建立民主管理、民主监督制度，让广大团员参与团的事务，充分发扬他们的民主意识，提高其参政、议政的能力。所有这些履职行为都在无形中扩大了共青团组织的影响力。

第二章　高校创新创业教育概述

第一节　高校创新创业教育的内涵、意义和理论研究

一、高校创新创业教育的内涵

创新创业教育是以培养具有创业基本素质和开创型个性的人才为目标，不仅是以培养在校学生的创业意识、创业精神和创新创业能力为主的教育，还是面向全社会，针对那些打算创业、已经创业、成功创业的创业群体，分阶段分层次地进行创新思维培养和创业能力锻炼的教育。创新创业教育本质上是一种实用教育，具有创新性、创造性和实践性的特点。

随着我国经济社会发展进入新常态，党中央、国务院作出了深入实施创新驱动发展战略、加快建设创新型国家的重大决策。人才是创新的核心要素，创新驱动实质上是人才驱动，我国迫切需要深化教育教学改革，加快培养富有创新精神的人才队伍。从中央到教育系统，全面、深入开展创新创业教育改革已成为共识。

2013年11月9日，习近平在《致二〇一三年全球创业周中国站活动组委会的贺信》中强调："青年是国家和民族的希望，创新是社会进步的灵魂，创业是推动经济社会发展、改善民生的重要途径。青年学生富有想象力和创造力，是创新创业的有生力量。"加强创新创业教育，是推进高等教育综合改革、提高人才培养质量的重要举措。近年来，高校不断加强创新创业教育，这在提高高等教育质量、促进学生全面发展、推动毕业生创业就业、服务经济社会发展等方面发挥了重要作用。新形势下，高校必须着眼长远、聚焦聚力，下大力气解决目前存在的问题，进一步加强创新创业教育。

2015年5月4日，国务院办公厅印发了《国务院办公厅关于深化高等学校创新创业教育改革的实施意见》(国办发〔2015〕36号)，全面部署深化高校创新创业教育改革工作。该文件指出，深化高等学校创新创业教育改革，是国家实施创新驱动发展战略、促进经济提质增效升级的迫切需要，是推进高等教育综合改革、促进高校毕业生更高质量创业就业的重要举措。提出各地区、各高校要落实立德树人根本任务，主动适应经济发展新常态，以推进素质教育为主题，以提高人才培养质量为核心，以完善条件和政策保障为支撑，促

进高等教育与科技、经济、社会紧密结合，加快培养规模宏大、富有创新精神、勇于投身实践的创新创业人才队伍。

作为高校创新创业教育体系的主干，高校在其中发挥着关键作用。作为参与者和协助者，政府是高校创新创业教育体系中的重要一环，它能够在政策制定、资金支持、舆论导向、服务体系和部门协调等多方面为高校创新创业教育创造良好的外部环境，因而发挥着难以替代的积极作用。各种企业，尤其是知名企业在高校的创新创业教育中起着重要的示范作用，他们是大学毕业生创新创业最直观的奋斗目标，因此，企业在高校的创新创业教育中担负着不可推卸的社会责任。创新创业教育的最终落脚点在学生，只有学生接受了创新创业观念，并勇于实践，才能说创新创业教育收到了实效。每一个学生的背后都有一个家庭，家庭的支持是学生实践创新创业的有力保障。

创新创业教育的内容体系包括：（1）意识培养。培养学生的创新意识和创业精神，使学生了解创新型人才的素质要求，了解创业的概念、要素和特征等，掌握开展创业活动所需要的基本知识。（2）能力提升。解析并培养学生的批判性思维、洞察力、决策力、组织协调能力和领导力等创新创业素质，使学生具备必要的创业能力。（3）环境认知。引导学生认知当今企业及行业环境，使学生把握创业机会，了解创业风险，掌握商业模式的开发过程、设计策略与技巧等。（4）实践模拟。通过创业计划书撰写、开展模拟实践活动等，鼓励学生体验创业准备的各个环节，包括创业市场评估、创业融资、创办企业流程与风险管理等。

二、高校创新创业教育的意义

创新创业教育是适应经济社会和国家发展战略需要而产生的一种教学理念与模式。在高等学校中大力推进创新创业教育，对促进高等教育科学发展，深化教育教学改革，提高人才培养质量具有重大的现实意义和长远的战略意义。在经济全球化的背景下，只有科技不断进步，才能增强我国在国际上的主动权和话语权；同时，随着经济下行压力的持续加大，就业形势不容乐观。大学生创新创业是增强国家竞争力，缓解就业压力，将研究成果转化为生产力的有效途径。

（一）有利于提高学生的综合素质

高校对大学生实施创新创业教育，能够促进大学生成长成才，实现人生价值；能够帮助大学生更新就业思路，转变就业观念，培育创新精神，强化创业意识；能够帮助大学生掌握扎实的创业方法，培养其坚强的意志品质和吃苦耐劳的精神；还能够帮助大学生在学习过程中积累实践经验，增强实践能力，为其成长成才奠定基础，为其实现自己的人生价值开辟新的道路。

开展创新创业教育，有利于引导大学生将专业知识应用于实际解决问题，了解理论知识和实际应用的差别及联系，明确今后的学习方向。同时，大学生在参与"双创"活动的过程中，可以锻炼意志品质，探寻解决问题的方式方法，进而增强分析和解决问题的能力，提高写作能力和制作演示能力，培养发散创新思维。

（二）有利于缓解社会就业压力

近年来，大学毕业生逐年增多，经济却面临下行压力，大学生就业形势严峻，因此国家鼓励大学生创业，并出台了众多优惠政策。目前，很多新兴公司都是大学毕业生创办的，这些公司提供了大量的就业岗位，缓解了社会就业压力。这些创业者在商业环境中迅速成长起来，成为某一领域的领军人才。

（三）有利于推动研究成果进行转化

创新创业教育的目的是从高校里培养出更多的具有良好创新和实践能力的人才，为社会经济发展作出更大的贡献。高校是科学研究的重要阵地，很多新科技、新成果都是在这里孕育出来的，不过目前很多成果并未转化为产品，仍仅是停留在实验室阶段。大学生有机会接触到最新的科学技术成果，如果能够充分利用这些新资源，将科技成果转化为生产力用于人们的生产生活，必将为创新型社会的建设发挥重要作用。

三、高校创新创业教育的理论研究

（一）高校创新创业教育的教学体系研究

高校创新创业教育的重点在于全方面培养学生的创业意识和创新精神，而不是在于教学生如何创办企业。其突出的特点是，面向全体学生，既考虑大多数，也不忽略少数；分层次、分类别进行。

第一层面是面向全体学生的启发式教育，旨在激发学生的创新精神和创业热情，培养学生"自主工作"和"持续学习"的能力，重点从课堂实践体验和教育两个方面进行。高校创新创业教育拥有显著的开放性特征，课程是开放的，传授知识更传授智慧；课堂是开放的，教学的时间和空间也是开放的，时间上不只局限于大学四年，而是贯穿创业者的职业生涯，空间上也从课堂、校园扩展到公司、企业和全社会。实践性特征决定了高校创新创业教育不是单纯的理论和知识传授，而是将课程教育和实践教育紧密结合，搭建出使学生边干边学、学做结合的教育培养体系。首先是解决"教什么"的教学内容问题，课程的创设应高度贴近创业环境的真实状态，教学内容要准确把握创业实践中可能遇到的实际问题，突出课程的实效性；其次是解决"怎么教"的教学方法问题，要突显学生的主体地位，引导学生进行自主思考和决策，使学生在富有创造性的实践中逐步提高创业素质和能力。这里需要注意的是，以"挑战杯"为代表的大学生创新创业大赛，多数学生并未参与其中，因此这些创业大赛只能算是部分学生的精英赛事。构建参与体验平台，需要政府、社会和高校密切配合，涉及提高对大赛的重视程度，扩大大赛参与人员的范围，注重赛前培训和赛后转化等。拓展赛前培训范围，即面向全体学生，普及创业文化，开展调研，为学生了解社会奠定坚实基础；注重赛后的成果转化，即在政府的支持下，与企业对接，推动创业计划产生实际效益。高校可以通过孵化器增加大学生创业项目衍生企业的数量，支持创业社团和俱乐部，组织学生到企业进行创业实习，并进行创业上的指导。

第二个层面是针对具有创业意向的学生，强化对其创业企业管理知识技能的培养。对于在大学期间就想创业或是毕业时想创业的学生，高校要重点开展有针对性的教育，以培养这部分学生实际创办企业的能力。

第三个层面是面向毕业时选择创业的毕业生，在他们创业初期给予其继续教育和其他相关援助。将高校的创业教育范围延展至社会，建立和完善针对这一群体的创新创业教育机制是一个复杂的过程，这需要方方面面的合力。其中，高校是协调多方力量的主体，应承担起使命和责任，且作为今后中国高校开展创新创业教育的重要推力，须做好以下三个方面的工作：一是建立和完善大学生创业的政策体系。针对大学生群体建立包括个人层面上的抉择政策、企业层面上的可行政策、经济层面上的支援政策和社会层面上的配套政策，构建"学生—学校—社会"供需匹配、相互促进、良性发展的创业政策体系。二是将科研成果与创业实践有机结合，勉励大学生运用科技资源创立科技创新型企业。高校要吸引学生广泛参与科研项目的研发和探索，更要鼓励学生实现从科研成果到创业活动的转化和对接，发挥科技园区在后续发展中的孵化和服务职能，促进科研成果与市场需求的有效结合。三是设立专门岗位或专门部门，在创业前期和创业初期给大学生提供创业指导、咨询和服务工作，以降低大学生创业的风险性和失败率。

（二）高校创新创业教育的服务体系研究

高校应建立并完善公共创业服务体系，提高创业服务质量水平。长期以来，我国高校的创业管理和创业服务一直没有得到应有的重视和关注。高校没有形成大学生创业服务体系，没有设立专门的服务、监督和管理组织，从而造成大学生创业流程过于复杂，使得很多大学生空有创业志向却难以付诸行动。因此，应设立专门的部门或岗位，为大学生创业的初创期提供理论及技术指导、服务和保障支持、监督及管理措施，为大学生的科学创业保驾护航。首先，简化企业创建审批的流程，降低大学生创业成本，提高管理部门工作效率，为大学生这个特殊群体的创业提供"一站式"的服务；其次，成立由高素养大学生创业指导人员组成的专业团队，为创业者提供更专业的信息搜集、资源整合、咨询辅导、训练提升等创业服务工作。另外，要加强企业和高校的协作，构建"产学研"一体化平台，充分利用社会资源和市场运营，缩短大学生的科研成果从研发到投入市场应用的路径，以支持和鼓励更多具有创业能力和创业志向的大学生勇于创业、顺利创业。

（三）高校创新创业教育的评价体系研究

高校创新创业教育要建立正确的评价观，树立正确的价值取向，立足长远，不能追求短期的创业推动和立竿见影的就业效果。创业是推动国家和地区持续发展的动力，这是已经被各界学者反复证明了的，所以对高校创新创业教育效果的衡量，既要以其对学生的实际促进作用为标准，也要以教育影响学生，使其形成独特的思考和行动方式为标准。这种思考和行动方式不仅适用于商业领域，而且可以应用到人类事业中，高校创新创业教育作为一种教育理念和模式，这就是其正确的评价价值取向。教育评价体系须准确进行功能定位，不能为评价而评价，为宣传而评价，要从以评促改、以评促建的实际功能出发。所以当前高校创新创业教育评价要摒弃不合时宜的职能（标签化职能、奖惩职能和鉴定合格职能等），多发挥符合教育评价价值取向的功能（成就估价的功能、服务决策的功能和人文关怀的功能等）。高校创新创业教育具有突出的实践性特征，不但要求高校在教育过程中突破模式的约束，强调理论与实践的紧密结合，还要在教育评价时采取与之匹配的评价方法，采用科学的质量标准。高校创新创业教育考核一个学生的学习质量，不能单纯看其知识的掌握程度，还要看其感悟知识和运用知识的水平。学生不单是记忆和储备知识，还要将理论知识内化为自主思考，在实践式、探究式的学习过程中全面提升创新创业能力。考核整体培育质量，不能只看创办企业和增设岗位的数目，而是要注重整体综合素质的提高、创业精神的养成和创新能力的培养。因此，高校创新创业教育的评价体系要确立全新的、科学的、全面的质量标准。

由媒体、政府、中介等多方面共同组成多层次的高校创新创业教育评价主体。政府机构侧重统计毕业生总体情况，通过设立教育奖项，营造注重评价的氛围；媒体侧重将毕业生创业的专业相关度、薪酬水平、行业指标的检测等作为主要内容向社会公开发布；行业协会等中介机构侧重通过教育评价，为学生提供更多的教育项目信息。各评价主体形成联动系统，既各司其职，又分工负责。通过调动不同评价主体的积极性，从各自不同的角度推进评价理论和实践的开展，从而形成创业教育评价网络，以利于整合资源，针对需求务实地实施统计，减少社会质疑，增强评价效果的权威性，真正成为高校创业教育项目发展的推动力。

高校创新创业教育要选择正确的评价内容和时间。高校创新创业教育对推动就业、职业生涯引领和贡献社会经济等具有滞后效应，不能开展即时测评。要按不同的时间段对创业培训项目应用不同的评价指标体系。在创业教育项目结束初期，以行动意向、知识和技能的获得以及自我诊断能力的发展等作为指标来评价；而在创业教育项目结束十年后来考察效果，则可以用对经济和社会的贡献、商业表现以及工作满意度水平来测量。具体来说可以将创业教育细分为五个阶段，在每个阶段分别评价不同的内容。在创新创业学习期间，主要评价学生的课程数量、报名数量和对创业的兴趣与意识；创业教育结束的初期，主要评价学生的行动意图、对知识与技能的掌控以及创业的自我诊断能力的发展情况；创业教育后的五年内，主要评价创业数目、收购企业数目和创业者职位寻求和获得数目；创业教育后的五到十年间，主要评价公司声誉的可持续性、公司创新能力与声誉级别的转换能力；创业教育十年后，主要评价其对社会和经济的贡献、对职业的满意度和商业表现。

建立高校创新创业教育评价的机制，可以通过完备的评价指标，真正体现一所高校、一个项目的教学水平和发展前景，为分析创业趋势和流向，以及有针对性地提高创业教育水平提供有效的参考依据。高校创新创业教育评价须综合运用多种评价方法，广泛收集创业信息，确保调查统计数据的全面性、准确性，最大限度地消灭评价盲点。政府应加大对高校创新创业教育状况评价工作的管理和监督力度，在国家层面建立统一的参考标准，区域层面条块结合，避免出现盲区。高校应集中管理，有效满足因评价主体多样化、多层次所产生的个性化目标要求。

第二节　高校创新创业教育的运行机理

"机理"一词原意是指机械所具有的基本结构和基本原理，它最初用于工程学之中，但随着各学科之间的不断交融，该词汇也逐渐用于生理学、经济学和管理学等学科。所谓"运行机理"，是指为了使特定系统达到某种运行状态而设置的系统各要素的结构和作用方式。

高校创新创业教育也具备一定的运行机理，其中，利益、需求、激励和竞争等不同要素相互交错，共同实现着对高校学生进行创新创业教育的目标。高校创新创业教育的运行机理包括微观和宏观两个方面。微观机理包括环境熏陶机理、素质建构机理和动力激励机理等；宏观机理包括制度引导机理、竞争催动机理和评价反馈机理等。

一、高校创新创业教育运行的微观机理

在对高校创新创业教育的运行机理进行探索时，可以从心理学角度对其进行微观的把握和剖析。高校创新创业教育应发挥其激励和促进作用，引领大学生主动接受创新创业教育，进而提升大学生的创新创业意识；还应合理发挥其熏陶和感染作用，使大学生在心理层面对创新创业教育产生认同。高校创新创业教育运行的微观机理主要包括以下三个方面：

（一）高校创新创业教育的环境熏陶机理

情境学习理论认为，在人们开展各项行为活动时，一方面会进行一定的思维活动，做出相应的判断和决策；另一方面，人们的行为也具有实践性和社会性等特点，学习者自身的思维意识，是学习者在与情境的互动中产生的。因此，为了达到更好的创新创业教育效果，高校应采取各种措施，为学生营造一个更有利于提高学习效率、获得正确创业认知的环境。比如，可以通过各种途径（如学校的广播、网络或宣传栏等），加强对创新创业教育有关知识的宣传，更好地为大学生注入创业的理念。要营造支持创业的社会氛围，还必须借助新闻媒体的公信力，让社会的每一份子都感受到创业带来的激情和震撼。近年来，CCTV推出的《赢在中国》《创新中国》《创业中国梦》等节目，都是以创新创业为主题的，其对社会各界的影响非常之大。在进行高校创新创业教育时，还需要在学生心目中树立起一定的榜样意识，进而促使学生更好地向心目中的榜样学习。应广泛收集各种创业成功人

士的典型事迹,树立合适的典型能有效调动大学生的创业积极性。通过这种"典型式"熏陶,能让学生认识到创业之不易,让他们知道在进行实际创业活动时会面临很多的不确定因素,只有及时对这些不确定因素进行预测和判断,才能降低企业经营所面临的风险。

高校在开展创新创业教育时,应根据实际需要,为大学生营造良好的创业情景模拟环境,以促使大学生创业动机的产生。通过这种方式,能使大学生在特定环境中正确而全面地分析创业中的各种问题,并发现自身不足,进而有针对性地提升自己的创业能力和素质。在此过程中,既要发挥教师的引导和启发作用,又要体现学生作为学习主体的创造性。例如,通过创业教育中的案例分析,将学生带入全新的创业环境。案例教学法能将蕴含专业知识的现实问题搬进课堂,引导学生积极思考,使其主动学习、讨论和实践。高校创新创业教育就是要教会学生解决一个个创业问题,所以选择良好的案例是教学成功的关键。一个好的案例能激发学生强烈的问题意识和探究动机,引发学生积极思考,从而发挥其思维力和创造力,使其最终能独立解决问题。

(二)高校创新创业教育的素质建构机理

建构主义学习理论认为,学习是学生主动建构自己知识体系的过程,学生会依照自身的经历和身处的环境,对所遇到的问题进行分析和判断,进一步提升自己的能力,并在此基础上对已掌握的知识进行提炼和升华。因此,在教学过程中,教师不可以简单机械地进行知识灌输,而是要更好地引导学生,让学生在已经获得的知识的基础上进一步建构新的知识体系。

一般来说,大学生知识和能力的建构可分为两大方面,即智力因素和非智力因素。智力因素在创造性活动中具有直接参与对客观事物的认识和处理各种内外信息等的作用,这些作用体现在一个人的智力水平上,主要包括感知、记忆、思维和想象等;非智力因素在创造性活动中具有动力和调节作用,对活动起着发动、维持、强化、定向和引导作用,主要包括动机、兴趣、情感、意志和性格等。在开展实际创业活动时,尽管对于智力的要求很高,但一些非智力因素同样极为关键。

在创新创业教育的素质建构过程中,学生会通过已有的认知结构,对新的知识和经验进行归纳整理,从而建立起适合自己的新的知识结构。借助案例式教学,培养学生主动学习的习惯,从而发挥学生的积极性、主动性,使其边学、边想、边做,最终形成新的知识体系。此外,要充分利用学生社团的力量,把学生社团作为对学生进行创业意识和创业技能教育的有效载体和途径,以培养学生的创业精神和动手能力。例如,斯坦福大学在校园内建立了亚太学生创业协会、亚洲科技创业协会、生物设计网络协会及企业家俱乐部等创业社团,这为斯坦福大学的师生与校外人员进行创业方面的学习、交流与合作建立了良好的平台。在这些社团的大力影响下,斯坦福大学的创业活动十分丰富,创业氛围非常浓厚。在我国,可以鼓励和倡导成立有利于进行创新创业教育的学生社团,如"未来管理者协会""文学创作协会""影视创作协会""无线电爱好者协会""小发明家协会""法律咨询服务社""勤工助学服务中心""信息服务中心"等，让大学生可以根据自己的爱好选择加入合适的社团，以提升自身的创业素质。

（三）高校创新创业教育的动力激励机理

激励是一种手段，通过进行有效的激励，能使人们获得强烈的价值认同，进而提升人们工作的积极性和创造性。亚伯拉罕·马斯洛于 1943 年出版了他的划时代巨著《人类激励理论》，他在该书中提出，人有五种不同层面的需求，即生理需求、安全需求、社交需求、被尊重的需求和自我实现的需求。在马斯洛的理论中，这五种需求是有层次之分的，在前面层次的需求获得满足的情况下，人们才会努力实现更高层次的需求。在特定的时间或空间里，人们可能会同时有多种不同的需求，但其中将满足而未满足的需求会占据重要地位，主导人们的行为。

创业者的需求大体包括三个方面：获得经济利益、提高知名度和实现自我价值。在高校创新创业教育的激励过程中，要注意满足不同主体多层次、多样化的需求。激励必须有针对性，不同组织、不同对象对激励的需求也会不同。在对创业教育教师进行激励时，精神上的奖励往往比物质报酬更能满足其心理需要。当教师看到学生获得进步和成功时，心中的成就感往往对其有很大的激励作用。

大学生在进行创业时的需求是十分丰富的，种类也很多。创业成功能使大学生改善生活条件，并更好地实现自我价值，获得自我满足感和认同感。在市场经济条件下，人们不仅关注物质需求的满足，还希望获得一定的社会认可，提升自己在他人心目中的地位。以往高校对学生的激励主要采取精神激励的方式，激励对象主要是获得某些创业竞赛名次的学生。比如，当学生通过激烈的比赛获得名次时，很多高校会给这些学生颁发证书，或举行一场表彰大会，会后让学校新闻部门采访获奖者等。但要注意到，由于学生的经济条件不如教师，在对学生进行激励时，采用物质激励和精神激励相结合的方式效果会更佳。一定的物质激励能使学生产生更强的学习和实践动力，针对在校大学生的创业活动，学校要在创业基金和开辟专门场地上给予学生一定的物质支持，以此为他们注入更多的持续创业的勇气。

二、高校创新创业教育运行的宏观机理

在高校创新创业教育的运行中，通过对大学生创业者的引导，可以强化其创业动机，并促使其动机转化为创新创业行为。从宏观角度看，高校创新创业教育内部存在着制度引导机理、竞争催动机理和评价反馈机理。在这些机理的共同作用下，高校创新创业教育能宏观地引导创新创业服务于经济建设和社会发展，并促进优秀创业人才脱颖而出，从而形成崇尚创业、尊重创新的社会环境。

（一）高校创新创业教育的制度引导机理

行为主义理论认为，人们在进行某种行为时，往往有着很强的目的性和针对性，如果

该行为能更好地满足其需求，他就会坚持下去；反之，他就会终止这一行为，并分析自身存在的不足之处，进而改进和调整自己的行为。美国学者库尔特·勒温进一步指出，人们的行为是其人格与其当时所处制度环境交互作用的结果，也就是说，人们所进行的各种行为活动是同时受到自己心理状态和所处制度环境影响的。

创业是一个渐进的过程，知识的点滴积累，技能从量变到质变的飞跃，都是一个长期的过程。大学生创业者在进行实际创业活动时，可能会遇到各种各样的问题和挫折，要想更好地应对和处理这些问题，以一种平和的心态面对不同的挫折，需要创业者具备良好的心理素质。因此，心理素质的培养十分关键，而学生所处的制度环境会对其心理素质培养产生巨大影响。因此，一方面，高校应根据实际情况，制定和实施创新创业教育相关的管理制度，并要求学生严格遵守；另一方面，创业教育教师应更好地扮演自己的角色，发挥榜样和示范作用，通过自己的人格魅力感染学生，从而激发学生的创业动力。

高校创新创业教育需要有良好的制度引导机理，这种制度引导是多方面的。例如，在我国大学生创新创业教育中，普遍采用了弹性学分的引导制度。所谓弹性学分制度，是指为了尊重学生的个性化特点而建立的课程自修、免修、学分置换和学分积攒的制度，旨在发挥学分对大学生创业的引导功能。在创新创业教育过程中，高校会鼓励学生在课余时间开展各类自主创业活动，这种情况下，弹性学分制度就成为学生的不二选择。创业是一件很讲求机遇的事情，而机遇稍纵即逝，如果学生发现了一个创业机遇，但因学校管理制度的约束而无法行动，便会导致错失创业良机。弹性学分制度，是对传统教学模式和管理制度的一种革新，它能充分调动大学生的积极性，让其自觉学习，并能有效推动创新创业教育的发展。

（二）高校创新创业教育的竞争催动机理

在创业过程中，当人有了创业动机并具备一定诱因条件，就会引起创业的行为。我国大学生创新创业教育把竞争引入其中，强化了创业者群体活动的动力，激烈的竞争能促使他们尽快创造出良好效益。在创业竞争中，创业项目能否得到社会承认是决定竞争胜负的关键。企业如果能在竞争中占得先机，就能获得更多的收益，并实现快速发展。企业要想获得自身的发展优势，就必须通过科技创新，掌握前沿的技术，并形成核心竞争力。从整个社会来说，竞争能在一定程度上提高我国自主创新能力，更好地发挥自主创业的杠杆作用，推动技术创新。

在高校创新创业教育中，创业计划竞赛是竞争的重要手段之一。创业计划竞赛的作用，不仅在于催生公司，还在于促进大学生更好地参与到创业实践活动中来，从而提升其自身的创业能力。对没有参赛的学生而言，创业计划竞赛也是一种氛围的熏陶，能使其对创业有一定的认识和了解。充满青春热情的大学生往往具有追求成功、实现自我价值的强烈愿望，而创业计划竞赛恰恰为这批大学生提供了一个展示自我的平台。大学生在参与创业计划竞赛的过程中，需要开展多方面的工作，如编写创业竞赛计划书，与老师、同学沟通和交流等。在这个过程中，学生不仅收获了友谊和知识，还能显著提升自己的团队意识和应对各种事件的能力。

（三）高校创新创业教育的评价反馈机理

对创新创业教育进行评价，其评价对象是大学生创新创业教育活动，评价的主体包括政府、社会和高校三个方面。政府评价主要是对学生的创业率和就业率、毕业生创业效果和毕业生对创业机会把握能力的评价；社会评价的主体包括社会舆论组织和非政府组织等，主要是对学生的综合素质、职业结构、创业成功率、收入和社会影响力等的评价；高校评价是一种自我评价，主要有学生、教师和高校职能部门参与评价，高校评价主要是对创新创业教育理念、创新创业教育课程的开展以及满意度进行评价。其中，高校评价中对创新创业教育理念的考察，主要包括学校对创新创业教育的重视程度、宣传效果以及提供资金、场地、优惠等措施的力度等内容；对创新创业教育课程开展情况的考察，主要包括创新创业教育课程的开设、创业活动的开展、创业实践的实施、学生创业素质的养成等方面；对创新创业教育影响面及满意度的考察，主要包括创新创业教育的普及程度及其在学校中的影响为、学生接受创业课程的比例、学生参与创业竞赛的次数以及学生和教师对创业教育效果的认可度等内容。

对高校创新创业教育的评价，可以分为形成性评价与总结性评价、定量评价与定性评价等。形成性评价主要考核学生在创业课程学习中的认真度、创业活动实践中的参与度和积极性，这种评价需要多次进行、随时开展；总结性评价主要考核学生在创业课程结束后的收获，可以单人考核，也可以团体考核，可以单项考核，也可以综合考核，可以书面考核，也可以口试答辩；定量评价主要关注大学生创业课程的成绩，需要注意的是，定量评价容易忽视个性发展、心理品质和行为规范等难以量化的指标；定性评价主要是对学生平时表现、学习情况、创业意识和创业品质等的观察和分析，并据此直接对学生做出定性结论，如评出等级、写出评语等。一般来说，知识的掌握和能力的培养需要用测验法、问卷法来了解；创业意识和心理品质的形成需要用访谈法、观察法来了解。在运用以上方法的时候，必须综合运用并对结果进行合理的处理与分析，以防止出现以偏概全的情况，从而保证评价结果的准确性。我国学者提出了以创新创业教育的课程、师资、创业环境、学生四个方面为主线的，八大类四十项指标的高校创新创业教育评价体系。其中的八大类分别是：教学方法、教师专业背景、核心课程体系、教师科研能力、创新创业教育硬环境、创新创业教育软环境、学生专业背景和学生个性特质。然而，高校创新创业教育不能仅通过写了多少高质量计划书、得了多少创业竞赛奖、办了多少公司等来评价，而是要看有多少大学生在接受创新创业教育后通过自己的努力为社会增加了财富，或通过自己的创业为社会减轻了就业负担和压力，这才是我国高校创新创业教育的真实成效。也可以说，高校创新创业教育评价不能只停留在数据层面，而应从社会层面和实践层面进行全面的评价。

综上所述，制度引导机理、竞争催动机理和评价反馈机理对我国高校创新创业教育来说都是不可或缺的，它们共同构成了高校创新创业教育的宏观机理。上述三条机理，都是为实现新时代高校创新创业教育的多元化目标（经济目标、技术目标、社会目标、生态目标等）而服务的。只有把高校创新创业教育的微观机理和宏观机理结合起来，才能全面认识我国高校创新创业教育的运行机理。

第三节　高校创新创业教育中存在的问题与对策

大学生作为高素质群体，在创业中具有较大优势。据有关调查，在"大众创业、万众创新"背景下，具有创业意向的在校大学生已高达七成，但实际创业率与创业成功率却与之形成巨大反差。大学生是我国创新创业的一股强大力量，如何更好地利用这股力量，需要高校做好相应的创新创业教育，以切实提高大学生的创业意识和创业成功率。大学生创业不仅有利于大学生成长，培养大学生的创新创业意识，还有利于提升大学生自身的社会实践能力和组织协调能力，大学生无论未来选择创业还是就业，创新创业教育都对其发展大有裨益。

2018 年 9 月 26 日，为深入实施创新驱动发展战略，进一步激发市场活力和社会创造力，国务院印发了《关于推动创新创业高质量发展打造"双创"升级版的意见》（国发〔2018〕32 号）。国家非常重视高校创新创业教育，推动高校创新创业教育高质量发展是落实创新驱动发展战略、促进经济提质增效升级的迫切需要，更是促进高校大学生高质量创业就业的重要举措。

一、高校大学生创新创业中存在的问题

近年来，我国科技能力不断增强，在部分领域已经位于世界前列，解决了很多重大战略问题。在科学研究不断取得成果的同时，社会对于大学生科技创新能力的培养愈加重视，国家多部委和专业学会为此组织了众多科技活动，各高校也积极响应号召，主动在培养学生科技创新能力上下功夫。不过，由于我国长期以来形成的陈旧落后的教学模式已经根深蒂固，很难在短时间内满足当前社会对创新人才的需求，大学生创新创业教育也未获得质的提高。具体表现为：

（一）大学生缺少创业实践经验

大学生的生活、学习长期局限于大学校园，缺乏社会交流，社会经验不足；而大学课堂偏重理论学习，大学生很难获得实践机会，加之缺乏社会关系和社会网络，使得大学生获取市场有效信息的渠道有限，社会资源相对匮乏；众多科技创新成果的取得往往需要长时间积累，如果没有大量的实践验证，科技创新成果的价值就会大打折扣，而学生在求学阶段的学业压力大，课余时间少，难以将大量的精力和时间投入到科技创新活动中，多数

学生依靠短时间的突击来应付项目检查或参加科技竞赛，由于没有长期的科研支持，难以取得突出成果；科技工作需要大量的理论知识积累和锲而不舍的钻研精神，学生自身能力不足，意志不够坚定，很难达到科研项目的要求，导致项目可行性差；大学生在创业实践过程中，考虑问题简单化、理想化，创业实践经验不足，无法适应市场发展规律，能力不足以有效解决实际经营中面临的挑战，等等。这些都是导致大学生创业成功率低下的原因。

（二）大学生科技创新意识薄弱

我国长期以来实行的"应试教育"，忽视了对学生创新意识和实践能力的培养，导致学生习惯了被动接受知识，在面对新事物的时候，没有探索的勇气，创新意识薄弱。且大部分本科生专业知识储备少，科研能力弱，因此一旦在项目研究中遭遇失败，自信心就会严重受挫。此外，在目前的招生政策下，众多学生为了追求"名校"忽视了兴趣和特长的重要性，选择了不适合自己的专业，随着时间的流逝，慢慢失去了深入研究的热情。

（三）创新创业教育体系不够健全

1. 高校创新创业理念落后

当前我国高校创新创业教育，仍然在某种程度上保留着"老一套"的教育理念，普遍惯用着以教师为中心、以结果为导向的灌输式教育方式。传统的教育理念已无法培养当今时代社会发展所需的创新人才，因此，高校要与时俱进，不断探索适合现代化发展的创新创业教育理念。

2. 高校创新创业教学方式单一

在我国，高校作为大学生创新创业教育的主要承担者，在创新创业教学设计中，普遍欠缺对大学生创业所需理论知识的传授，将理论知识与创业实践操作能力有机结合的课程内容更少。高校的创新创业教育课程设置单一，以传统说教方式灌输知识，教学与社会创业实践脱轨，导致大学生自主性不高、思维模式固化、知识结构单一，缺乏创新创业的创新思维和实践能力。

3. 高校创新创业师资匮乏

我国高校创业教育教学内容基本上以就业指导为中心，创业指导老师主要以学校学生工作处的老师为主，教师队伍普遍缺乏创业经历，只注重理论教学，难免出现照本宣科现象。创新创业教育师资队伍建设，除了聘任校内教师外，还可以邀请校外企业人员或接受过创业培训教育的专业人员来校任教，同时对现有创新创业教育师资结构进行优化组合，以改变师资匮乏的现状。

4. 高校教师创新创业积极性不高

高校教师教学和科研压力大，考核任务重，大部分精力都放在了自身的教学和科研工作上。很多高校不重视教师指导学生参加科技创新活动取得的成果，缺乏相应的激励机制，教师指导大学生创新创业活动多是出于责任心。如果学生再敷衍了事，就会打击指导教师的积极性，让教师逐渐失去指导学生的内在动力。

5. 高校相关硬件支持不足

大学生参加创新实践活动需要一定的场地、经费和设备等硬件支持，高校的实验设备大都统一购置，这类实验设备虽然便于管理和维护，但不具备二次开发性能，留给学生设计的空间较小。同时，很多高校没有完善的科研平台，一些科研实验室和设备都有专人管理，并不完全对学生开放，导致学生开展创新实践活动的难度较大。

（四）校企合作机制不完善

目前国内高校与企业大多以座谈会、拉赞助、校招会等方式进行合作，合作方式简单，缺乏有效的合作机制。而这种过于单一的合作方式会导致大学生创新创业实践难以以企业为依托。

高校与企业合作的主要目的是解决学生毕业前的实习工作问题，企业则是解决内部人力资源需求，这样的合作并不能充分调动企业培养学生的积极性，校企育人制度没有落到实处，也就无法利用企业所拥有的社会资源和经验来培养学生的创新创业能力，校企合作机制存在较大缺陷。

（五）大学生创业政策支持保障机制乏力

高校大学生创业面临许多现实难题，需要资金、政策、技术等方面的支持。目前，我国已经出台了许多促进大学生创业的政策，如降低企业注册资本门槛、提供创业鼓励资金、减免相关税收费用等。但由于相关部门、高校在贯彻落实政策过程中的缺位，导致创业政策不能及时有效地传达到位，并出现职权缺失、相互推诿等现象，使得学生创业政策支持保障机制乏力，创业大学生无法获得国家政策支持，使得政策效果大打折扣。

二、高校创新创业教育的改善举措

（一）创新创业课堂教学建设

1. 重视高校创新创业课堂教学，提高教学质量

高校创业课堂是学生了解创业知识的第一课堂，是培养学生良好创业价值观的重要环节。高校应注重培养大学生正确的创业动机和创业价值观，坚持以培养创业素质、创业精神、创业价值观为中心，使学生在创业认知、心理和价值观的层面打下坚实的基础。

高校应顺应社会发展的趋势，规划并设计完善的创业教育体系，创造良好的创新创业氛围，制定适应社会发展要求的大学生创新创业计划。高校还应不断加强创新创业教育师资队伍的建设，增强师资力量，通过不断鼓励高校教师担任大学生创新创业实践的教育导师，聘请创业企业家担任大学生创新创业实践的训练导师，以此打造一个专兼职结合、高质量的"双创"导师团队。

同时，高校课堂教育不能局限于线下课程教育，应以线上线下相结合的方式进行，合理利用互联网资源，用专业、高质量的创业视频引导大学生进行创业知识学习，从而更好

地帮助大学生进行创业形势分析、创业政策解读，以及树立良好的创业价值观。

2. 开展创业知识讲座，开阔视野

创业讲座有利于大学生丰富创业知识，开阔视野。在创业课程中，高校应定期邀请企业、科研院所、政府部门的专家学者来校讲学，充分发挥其在创业、管理、政策等方面的优势，通过对创业基础知识的讲解、案例的分析、时事政策的解读以及对当前创业环境的剖析，引发学生积极思考，启迪其思想，开拓其视野。

3. 构建校企合作模式，合作共赢

高校可以通过与企业合作，丰富创业教育课程体系，为大学生了解和掌握企业管理规范、市场运营、营销渠道等方面的知识提供指导与支持，为大学生的创业演练提供帮助。定期组织学生走访企业，通过为其讲授创业企业当前的行业背景、业内实务等内容，讲解创业过程中遇到的法律、工商、税务和项目管理等问题，增加学生对创业各环节的认识，提高大学生对创业各个环节和关键点的把握能力。

同时，高校可以通过引入企业文化资源营造校园的创业文化，并以企业家进校园活动为载体，逐步开展企业家论坛、创业沙盘、创业沙龙等创新创业系列活动。在活动中，学生可以认识现代企业的运营管理模式，了解企业发展历程，体验企业文化与发展理念。

（二）创新创业模拟实训建设

1. 构建创业模拟系统，培养学生创业实训能力

构建完善的创业模拟系统是提升大学生创业实训能力的重要手段。高校应引进创业模拟培训系统，建设创业项目孵化基地、实践基地、大学生创业园和大学生创新创业训练中心等实践载体，为学生提供创业实践场所。在创业模拟系统中，以初创公司模拟经营为项目载体，实行项目负责制。学生通过系统对项目进行运营，逐步开展初创公司的一系列业务活动。使大学生在创业项目实训过程中，学习并了解企业的运营系统，认识创业企业的经营目标和经营方针，体验战略选择和经营业绩之间的关系，培养自身洞察市场、合理理性的决策能力。同时，学生也可以在实训过程中，突破各部门之间的分割限制，树立全局观，提高与团队成员间的交流能力，增强抗挫抗压能力，切实提升自身的创业实训能力。

2. 开展创新创业比赛活动，提高学生的创新创业能力

举办创新创业大赛是提高大学生创新实践能力的有效途径，也是"产学研"应用的平台。在比赛过程中，大学生只有充分理解初创公司项目的实施过程，明确自身项目的核心技术以及核心竞争力，通过创业团队的精诚合作，充分发挥团队成员的特长，才能在比赛中脱颖而出。因此，以创新创业大赛作为大学生创新创业实践活动的载体，有利于增强学生的团队协作精神，激发学生的创业兴趣，调动学生的主动性、积极性，培养学生的创新思维和创新意识。

3. 健全创业实训管理制度，提高学生实训的整体效率

建立健全创新创业管理制度，完善高校创新创业教育体系，有利于培养学生的创新思

维和实践能力。高校应通过科学的教学方式和教学手段，来增强学生各方面的能力，通过制定合理的项目考核制度，来明确大学生创新创业管理体系中所规定的权利与义务，要在健全创业实训管理制度的同时，考虑高校各职能部门的具体分工，从而达到科学管理的目的，提高学生创业实训的整体效率。

（三）创业实战平台建设

1. 构建创业服务平台，便于大学生创业

在"大众创业、万众创新"背景下，大学生创业已常态化。为了更好地帮助大学生进行实战创业，政府与高校应积极构建创业服务平台，为新时代的大学生创业提供强实战、全方位、系统化、全生态的创业综合服务。政府应鼓励高校与平台软件开发者合作，以大学生创业需求为基础，为大学生初创企业提供多层次的创业服务，打造一个集服务式、平台式与轻资产模式为一体的创业服务平台。

创业服务平台可以集视频教学、创业服务于一体，以创业大学生为中心，以提供创业具体操作为导向，重点提供包括公司注册、执照办理、专利申请和法务税务登记等相关服务，帮助大学生解决创业过程中可能遇到的一系列问题，提高创业项目孵化的成功率。此外，创业服务平台还能为大学生提供合伙人推荐、专利保护、行业资讯推送、专业问题咨询、融资投资对接和人才培训等相关配套服务，助力大学生实现创业梦想。

2. 采用线上线下双轨运营模式，提高创业成功率

创业服务实战平台采用线上线下双轨运营模式。在线上，为大学生创业者、企业家、投资人、创业导师和专项人才提供创业知识与资源共享、创业咨询服务的交互平台；在线下，创业服务平台可以汇聚一批优秀的创业者、企业家、投资人，打造新领袖社群。平台在增加创业者黏度的同时，也为创业者全程赋能。为大学生创业提供创业辅导、初创公司业务办理、项目策划、商业模式创新、运营能力创新、盈利模式创新和招商渠道创新等基础服务，以及为成长型企业提供战略重构、企业变革及资本运作等一系列高端服务，以帮助大学生提高创业成功率，为大学生创业保驾护航。

综上，创新创业教育从理论课程、模拟实训到投入实战都应合理有效地利用高校、企业和社会的资源，建设完善的创新创业教育体系，只有这样才能为大学生创业保驾护航，系统化解决大学生在创业学习、实操应用与创业咨询过程中遇到的难题，帮助大学生顺利开启创业项目。

模拟创业实战训练可以帮助大学生解决创业疑难，使其更清晰地了解企业运营流程，更系统地完善创业项目，提前执行并适应创业操作事项。大学生通过了解创业、尝试创业、深入创业培养自身创业思维，通过理论学习与实战学习相结合的创业咨询平台收获个人的真正创业成果，通过企业专业人士的项目反馈意见不断改善创业方案，不断检验项目可行性，从而以饱满的热情踏上创业征程，实现创业理想。

（四）大学生科技创新能力建设

1. 加强思想引导，激发学生"双创"热情

高校通过搭建师生交流平台，邀请名家大师为学生答疑解惑，指导学生开展创新创业活动；同时，邀请创业成果突出的学生分享经验，为广大学生树立标杆；建立起教师讲授知识、优秀学生传授经验的讲座体系，使学生树立远大理想，积极投身到"双创"活动中来。

2. 推出创新计划，提供项目经费支持

高校应激发学生的创新创业兴趣，积极引导学生申报大学生创新创业项目。采取教师发布项目供学生选择或学生根据调研情况自拟项目两种方式进行项目立项申请，学校为成功立项的项目提供经费支持，并严把经费准入准出关，提高项目日常检查和结题标准，激励学生朝着更远大的目标奋斗。同时，对具备市场潜力的项目给予大力支持，推动创新成果转化为生产力。

3. 开设培训课程，提高"双创"能力

高校应制定"双创"能力提升培训方案，为培训提供标准和依据，在基础理论学习、文献检索、专利申请、论文撰写、竞赛备赛等方面开设课程，对学生进行系统培训，让学生明晰取得创新创业成果的方法和途径。同时，积极争取校外资源，为"双创"成果突出的学生提供赴企业实习和出国开展学术交流的机会，让他们有更多机会了解行业前沿技术。此外，开设"大学生科创讲堂"，让学生定期汇报项目进展，教师及时进行指导，以确保项目的顺利进行。

4. 以赛促学，构建人才梯队

目前大学生科技竞赛呈现出百花齐放、百家争鸣的良好态势，高校要建立起覆盖各专业、各年级的科技竞赛体系，为学生提供参赛机会。对于在竞赛中具有突出竞争力的项目和个人，按照多学科、跨年级的原则进行组队，以发挥优势互补、以老带新的作用；同时邀请相关专家进行一对一辅导，进一步完善项目使其可以参加更高级别的竞赛，为学生提供更加广阔的成长和展示平台。高校应逐渐构建起专业教师全程指导、学生人才梯队培养、高校提供硬件支持的竞赛支撑体系。

高校在培养大学生科技创新能力时，一方面要保证基础理论教育的完整性和系统性；另一方面要加强实践环节的硬件支持和政策引导，充分调动师生积极性，为师生交流搭建好平台。通过建立学校提供保障和政策支持、指导教师提供专业化指导、企业提供实习和试行条件的全方位、全程化"双创"育人体系，让学生能够在参与创新实践活动时获得归属感和获得感，让"双创"成果成为经济发展的新引擎，让创新型人才成为社会进步的新动力。

第四节　新形势下的高校创新创业教育

一、新常态下的高校创新创业教育

新常态是对中国社会经济发展新阶段的深刻认识。新常态下，我国经济发展的主要特点是：经济增长速度从高速转向中高速，发展方式从规模速度型转向质量效率型，经济结构调整从增量扩能为主转向调整存量、做优增量并举，发展动力从主要依靠资源和低成本劳动力等要素投入转向创新驱动。高校作为创新型国家建设的主要力量，要强化对创新创业教育的推进，明确创新创业教育的重要作用，提高重视程度，通过不断完善师资团队以及构建实践平台等方式，合理开展高校创新创业教育工作，有效解决教育工作中存在的弊端和不足，为高校人才培养打下良好基础。

新常态下，高校在实际发展过程中，开始逐渐强化对大学生创新创业的教育，力求可以从整体上提高教学质量，全方位提升学生能力。然而，由于受到一些因素的阻碍，高校创新创业教育工作的开展还存在许多难点。对此，在今后的教育工作推进过程中，应该对影响创新创业教育工作开展的因素进行重点分析，深入研究，综合考量，并依照现实情况有针对性地制定教育对策。

（一）新常态下强化高校创新创业教育的必要性

新常态下，创新创业对推动我国社会经济发展具有极大的促进作用。因此，各大高校在发展过程中，一定要提高对创新创业教育的重视程度，强化对学生创新创业素质以及能力的培养，以确保为社会经济建设提供人才支持。

第一，强化高校创新创业教育是创新型国家建设的实际需求。当前是建设创新型国家的关键阶段，建设创新型国家的关键在于人才，而教育是人才培养的基础，所以，高校要提高对创新创业教育工作的重视程度，加大对创新创业型人才培养的力度。强化高校创新创业教育不仅可以为社会建设提供技术支持，也可以推进知识创新，对提升我国创新型国家建设水平大有益处。

第二，强化高校创新创业教育是适应社会发展的具体要求。从宏观的角度上分析，创新创业可以在很大程度上推动我国经济发展的进程。尤其是近年来社会进步速度加快，社会对于人才培养也提出了更高的要求。因此，在高校的发展过程中，强化创新创业教育，通过对以往教育模式进行有效优化，让教育方式更贴合社会实践，能够更好地适应社会发展，满足当前社会进步的具体需求。

（二）新常态下高校创新创业教育的难点

1. 高校创新创业教育理念错位

当前，随着国家对创新驱动重视程度的不断提高，各大高校在发展中也给予了创新创业教育很大的关注。综合来看，当前我国已有 80% 以上的高校开设了与创新创业有关的课程，力求可以从多个角度提升学生水平，使其可以为创新型国家建设贡献出自己的一份力量。但是，受某些因素的影响，在具体开展创新创业教育工作过程中，部分高校对创新创业教育理念的理解仍存在一定偏差，致使创新创业教育工作陷入功利化以及工具化的困境。具体表现为：一方面，一些高校在开展教育工作期间，只是单纯地将这一工作作为解决就业问题以及提升就业率的主要手段，使得创新创业教育工作具有了较强的功利性；另一方面，一些高校在发展期间，为了可以在短时间内获得成效，对于专业知识以及创业技能的培训比较侧重，从而导致教育工具化，影响了教育水平的提升。

2. 高校创新创业师资力量不足

在现阶段的实际发展过程中，高校创新创业教育水平一直不能得到有效提升的主要原因就是师资力量相对薄弱。很多高校仍然沿用以往的就业指导教育模式，师资团队也主要是由学生管理成员组成。这样一来，一方面，一些担任创新创业教育课的教师，只是经过了一段时间的集中培训就走上了讲台，缺乏专业的知识背景，没有经历太多的创业实践，不能够有效且熟练地掌握企业的运营情况，也无法更好地分析当前市场的需求，从而导致创新创业教育工作的开展缺乏针对性，不能依照学生的实际情况，合理地开展教育活动；另一方面，很多创新创业教育教师在工作期间，常常身兼数职，除了要完成本职工作，还要进行创新创业教育工作，压力大、责任重，花费的时间和精力也多，长期下来，教师的教学积极性就会大大下降，从而影响教育效果。

3. 高校创新创业教育与专业教育脱节

就高校创新创业教育而言，要想更好地提升教育效果，就必须要有效地将其与基础教育和专业教育相融合。但是，从目前的实际情况来看，很多高校在开展创新创业教育工作期间，普遍存在与基础教育以及专业教育脱节的情况。从宏观的角度上分析，创新创业教育的开展，并不是盲目地鼓励学生脱离课堂、脱离专业，如果一直本着这种心态进行教育，不仅会使得学生个人成长存在较大风险，也会增加社会的整体风险。

4. 高校创新创业教育模式相对落后

现阶段，很多高校都只是将创新创业教育视为就业教育中的一部分内容，简单地给学生讲解一些理论方面的知识；甚至一些有能力独立开展这一工作的学校，也多是侧重理论教育，并未投入精力大力开展创新创业活动，因此无法调动学生的积极性和主动性，教育效果也无法得到有效提升。另外，我国很多高校由于受到场地以及项目等条件的限制，创新创业教育实践平台的搭建工作并不完善，学生不能亲身体验创业活动，久而久之就会失去兴趣，从而影响这一工作的开展。

（三）新常态下高校创新创业教育的对策

1. 强化对高校创新创业教育新理念的认识

新常态下，为了能够向社会输送更多的复合型人才，高校在实际发展过程中，一定要明确创新创业教育理念，理解其真正含义，以保证创新创业教育工作更好地适应时代发展，与时代精神相吻合。并且，在具体开展创业教育期间，高校要与国家发展战略保持高度一致，要从为国家培养创新创业型人才的角度出发，不断提升创新创业型人才培养质量，同时不断提高对创新创业教育的认识，强化对学生事业心以及责任感的培养，以为社会输送更多具有良好职业素养和创新创业能力的人才。

2. 强化多元化创新创业教育师资团队的建设

师资团队是高校创新创业教育工作有效开展的关键。所以，高校在今后发展期间，一定要选择合理的培养手段，积极组建多元化、多样化的师资团队，从整体上提升师资团队的专业水平。一方面，从现有的就业指导教师中选择具有创新意识和能力的人员，对其进行技能培训和教育，从而不断提升教师的专业水平，确保可以形成创新创业教育的技术团队，并有效开展高校创新创业教育工作；另一方面，应该积极引导和鼓励教师进入企业进行实践锻炼，同时，如果条件允许，学校也可以搭建创新创业实践平台，以进一步提升教学实践效果，让教师积累到更多的创业实践经验，从而为学生提供更多的创业实践指导。

3. 强化高校创新创业教育与专业教育的有效结合

高校是向社会输送专业人才的重要基地。与普通的创业模式不一样，大学生创业活动的开展，凸显了更多的知识性与科技性。因此，学校应该引导学生努力跻身专业领域前沿，科学地开展创业活动，走以学术创业的创新创业道路。同时，高校还应该结合实际情况，强化创新创业教育与专业教育的有效结合，引导教师将创新创业理念科学地融入课堂，培养学生依托专业优势开展创业的意识。此外，在对专业课教学进行实际设计的过程中，应该加强对实践环节的重视，引导学生积极实践，让其在实践中独立思考，有效分析并解决问题，进而在专业领域里探索出创新点。

4. 强化多样化创新创业实践平台的构建

创新创业教育本身就具有较强的实践性，所以，高校在实际开展工作的过程中，应该强化对教育模式的改革，积极采用多种方式构建创新创业实践平台。一方面，以创业大赛等实践活动为载体，强化对学生创业能力的提升。通常情况下，创新创业实践活动是创新创业教育的第二课堂，其不仅可以丰富学生的创业理论知识，也可以在此基础上，不断地提升他们的实践能力。因此，高校应该积极组织创业大赛，并引导学生参与其中；学生则通过组建创新团队，实施创业计划等，不断提升自身的创新能力和协作能力，从而为自己今后的发展奠定良好基础。另一方面，以"众创空间"为依托，合理地对创新创业实践平台进行构建。在具体的发展阶段，高校与学生、政府应相互配合，共同打造集科技、企业、孵化器等于一体的"众创空间"，并将其与创新创业实践活动有机融合，实现线上线下的协同效应，进而为学生拓展实践空间，促进其创业能力的提升。

为了向社会输送更多的复合型人才，高校在实际发展过程中，一定要提高对大学生创新创业教育工作的重视，深刻认识这一工作的意义，了解工作开展过程中存在的难点，深化改革，加大探索力度，制定强化创新创业教育工作的对策，从而保证为创新型国家的建设提供更多的人才支持，从根本上推动我国社会的可持续发展。

二、5G 时代的高校创新创业教育

5G 指第五代移动通信技术，是在 4G 基础上发展起来的多种新型无线接入技术的总称。5G 技术具有频谱利用率高、网络兼容性好和系统性能高效等优点，能为人们带来高容量、高速率、低延迟、低功耗和超可靠的移动数据体验，可以应对比 4G 更为复杂的应用场景。5G 时代的来临，不仅可以为各个行业的转型和升级提供重要保障，促进物联网、工业自动化、无人驾驶和人工智能等领域的创新发展，而且将支撑起许多新科技的商业化运用。在此背景下，5G 时代势必会带来新一轮的创新创业机遇。高校作为大学生进行创新创业活动的重要基地，只有积极探索与时俱进的创新创业教育模式，解决创新创业过程中遇到的问题，优化学生的知识结构，才能培养出适应创新型国家建设需要的高水平创新人才。

（一）5G 技术对于高校创新创业教育的重要意义

5G 作为新一代移动通信技术发展的方向，将以全新的网络架构，提供至少十倍于 4G 的峰值速率、毫秒级的传输时延和千亿级的连接能力，在提升移动互联网用户体验的基础上，进一步满足未来物联网应用的海量需求，最终实现"信息随心至，万物触手及"的宏伟愿景。同时，5G 技术与工业、医疗、交通、教育等行业的深度融合，将促使众多垂直行业跨行业、跨领域交融，将诞生各种新型业务，出现各种社会分工，创建各种高级行业，产生新型商业模式和技术创新。这些新事物将成为今后新价值的增长点，成为国家经济发展的原动力。因此，5G 将为各种创新应用的发展奠定技术基础，将促进人类社会高度发展，充分满足人们对于数字化生活、数字化社会与数字化工业的需求。5G 的突出优势首先会在创新业务应用上全面爆发，这对于大学生创新创业来说意味着更大的市场和发展空间。

（二）5G 时代大学生创新创业面临的问题分析

当前，虽然大学生创业意愿高涨，创业层次也在不断提升，但大学生创业制约因素依旧明显，资金缺乏和经验不足仍然是创业最主要的障碍。统计显示：工学、管理学和经济学专业的大学生对创新创业感兴趣的人数比例最高，农学、医学、艺术学专业的大学生对创新创业缺乏热情；餐饮、农业、信息技术、运输、教育、文化等行业仍是大学生创业的主要领域。此外，只有 54% 的高校对创业教育满意度实施了跟踪调查，其他高校并没有重视和实施创新创业课程的改进流程。分析 5G 时代大学生创新创业面临的问题，主要有以下三方面的内容：

第一，政府、高校对 5G 时代势必会带来新一轮的创新创业机遇认识不足。首先，对大学生创新创业的扶持政策不完善。新技术的研发需要投入大量的人力、物力和财力，这对刚进入社会的大学生创新创业者而言，无疑是一个严峻的考验。不完善的政策使其因种种原因未能得到政府扶持，这可能导致资金缺乏，创业失败。其次，配套设施不完备，缺乏创新创业实习基地或孵化基地建设不完全，也使得学生很难获得有关创业企业的实际经营和管理经验。

第二，5G 时代下的创新创业教育体系不完善。首先，创新创业教育课程体系同 5G 时代背景及专业前沿课程融合度不够，导致学生视野不够开阔，创新创业缺乏新意，模式单一；其次，创新创业教育师资队伍建设不完善，教师普遍缺乏创新意识和能力，对 5G 时代即将到来缺乏敏锐感知，讲课多从书本知识出发，很难打破学科间的壁垒，难以满足大学生对创新创业知识的需求；最后，创新创业教育实践体系不健全，缺乏 5G 时代创新创业的训练环境，或是缺乏有效的管理制度，导致实践活动资源利用率不高。

第三，政校企的合作与衔接程度有待加强。5G 时代，不管是商业模式的变革，还是技术的创新都是"摸着石头过河"，缺少成功模式的借鉴，年轻的大学生创新创业活动更是如此。因此，5G 时代的大学生创新创业更需要政府、高校、企业多方力量的支持与扶助。政校企之间的合作与衔接程度不足，将影响社会经济发展，降低创新型人才培养质量，阻碍创新创业成功。

(三)5G 时代高校创新创业教育改进举措

针对大学生创新创业面临的问题，应从以下四个方面进行改进：

第一，政府层面加强政策宣传、资金投入。利用宣传栏、电视和政府官网等渠道宣传国家的创新创业政策，还可利用 5G 技术，扩大宣传范围，提高宣传效率，营造良好的创新创业氛围，增强大学生创新创业的积极性。此外，加大 5G 基础设施建设的投入和创新创业资金的投入。

第二，学生层面提升意识、提高能力。首先，学生可以通过学习创新创业基础课程增强关于创新创业的理论知识，通过学习创新创业实践课程增强创新创业实践能力；其次，通过前沿知识学习掌握 5G 时代下的专业前沿动态，为创新创业储备创新技术力量；最后，通过政校企合作平台了解创新创业政策，到企业参观学习，借助平台与志同道合的同学进行交流与合作，培养自身的创新创业能力。

第三，高校层面健全 5G 时代下的创新创业教育体系。5G 时代，高校应紧跟时代步伐，从以下五个方面更新和完善教育体系：一是优化课程机构，适应 5G 时代创新创业需求；二是利用 5G 科技，加强创新创业师资队伍建设；三是完善创新创业组织结构；四是利用 5G 技术，完善创新创业实践平台建设；五是加强校内创新创业文化建设。

第四，社会层面鼓励社会企业支持创新创业。一是加强创新创业理念引导，对 5G 时代的创新创业机遇有正确的认识；二是营造鼓励创新创业氛围，发挥榜样的引领作用；三是加强社会基金的支持。

第五节 高校创新创业教育"链式"机制

随着国家创新驱动战略的提出，高校创新创业教育成为创新人才培养的重要环节。本节基于高校创新创业教育发展现状，依据大学生成长成才规律要求，提出了构建创新型人才培养的"链式"机制，分析了"链式"机制实践的保障，总结了实施"链式"机制对大学生创新创业教育的现实意义。

在"大众创新、万众创业"的新形势下，高校在国家创新体系发展中占据了重要地位。为培养具有较高综合素质的创新型人才，高校应不断探索创新创业人才培养体系，加大创新创业教育力度，提高学生创新创业能力，从而进一步提升当代大学生核心竞争力。

一、构建创新型人才培养的"链式"机制

开展高校创新创业教育是新时代对高等教育提出的使命要求，高校在制定培养方案时应将大学生创新创业实践能力的培养融入人才培养全过程，并且将创新创业意识培养落实到教育教学各环节中。在遵循高等教育发展规律的基础上，按照不同年级学生的发展需要，根据学生的性格特点、专业知识结构和技术能力水平，构建创新型人才培养"链式"机制，明确培养目标，启发学生创新创业思维，提高学生创新创业能力。"链式"机制有利于培养学生的创新意识，提升创新能力；分阶段跟踪式教育，使学生易于掌握知识，使能力培养结构体系成为一种循序渐进的创新创业教育长效机制。

（一）大一注重创新思维启蒙教育

就大学一年级学生的认知水平和能力来看，应注重激发其创新创业意识。只有养成创新创业意识，学生在后期的学习和研究中才可能主动投入时间和精力。因此，创新思维启蒙教育至关重要。为激发和训练大学生的创新思维，教师可以将创业内容巧妙地融入大学生职业生涯规划课程教学中，让学生意识到创业不是与己无关的、低层次的就业方式，而是就业新途径，引导学生主动探索新事物、新方法。不定期组织讲座和报告会、创业沙龙、创业论坛、科研讨论班等活动，以项目或问题为中心，引导学生科学规范地开展项目研究，培养学生的创新精神与创业技能。组建大学生创新创业训练营、创业社团，在开展活动过程中培养学生主动发现问题、思考问题，进而解决问题的能力，激发大学生的创业兴趣。

（二）大二注重创新创业意识养成教育

大学二年级是一年级的延续和加强，大二的学生对于学习和认识事物的兴趣仍比较浓厚。此阶段应结合学科技能竞赛、创业模拟培训、教师的科研课题等开展创新创业意识的养成教育，以各类创新创业大赛、科技创新大赛、专业技能大赛等为契机，把全面发展和个性自由发展紧密结合起来，为大学生创新创业意识的培养提供条件。

（三）大三注重创新创业能力提升教育

大学三年级应在二年级养成教育基础上开展创新能力提升教育，是从创新思维培养向创新能力培养过渡的重要阶段。该阶段应根据学生学科专业特点和创新需求，将创新科学研究融入课程体系中并设立相应的学分，进一步优化创新创业训练项目、学科技能竞赛，提高学生参与率；学校或者二级学院不定期举办优秀创新创业项目成果展示和交流，通过编印创新创业案例集、优秀成果报告册等加强推广宣传，提高学生参与的积极性；将开展的创新创业活动融入大学生社会实践与志愿服务活动之中，搭建校内外结合的创新创业平台，建立系统完善的实习实践体系，让学生在实践环节中发现并把握创业机会。

（四）大四注重创新创业实践教育

作为"链式"机制重点培养阶段的大学四年级，应注重用理论知识指导实践。将创新创业教育理念和内容体现在大学毕业论文（设计）中，这既能对大学生创新创业能力进行检验，又能促进创新创业教育与专业的融合，促进专业成果转化，提高毕业论文（设计）的质量；依托校内外实习实训基地和政府的"众创空间"，为有创业意向的大四学生提供资金、政策、办公场地和资源共享空间等；聘请创业导师、技术顾问，为大学生提供法律、税务、工商等方面的指导或咨询服务，帮助创业团队健康成长。此时，高校应帮助学生搭建与社会资源对接的平台，以促进创新成果有效转化。

二、"链式"机制实践的保障

（一）完善创新创业教育制度体系

高校应建立完善的创新创业教育制度体系，采取有效措施营造创新创业的文化氛围，提高师生参与的积极性。科学规划创新创业教育专项资金的投入，提供大学生创新创业一站式指导服务，保障大学生创新创业教育"链式"机制实践的顺利开展；为表彰和鼓励具有创新创业意识和能力的学生，激发其他学生的创新意识，高校可以设立创新创业专项奖学金；将专业任课教师指导学生创新创业工作量计入年度工作量考核之中，且创新创业竞赛获奖可以获得教学考核加分和获得相应的奖励，以此来调动教师参与"链式"机制的主动性和积极性；建立创新训练工作室、创新创业训练营，积极构建以创业教育为基础、以创新创业训练为抓手、以校园"众创空间"为平台的创新创业模式。

（二）完善师资队伍保障机制

建设一支高素质、多元化、专兼职的创新创业教育师资队伍，师资可分为校内师资和校外师资。制定长期的师资培训计划，分批遴选相关教师参加高水平、高规格的创新创业教育培训，逐步提升创新创业教师队伍的理论水平和专业技能；邀请业内专家进校、进课堂开展专题讲座，以此拓宽教师获得创新创业知识的途径；聘请成功创业者，以及工商、税务、金融等领域的专业人士组成创业导师团，指导大学生创业实践；逐步建立和完善校内外指导教师专家库。

（三）拓展外部支持力量

大学生创新创业教育要想获得长足发展，需要多方力量的支持和保障，如由高校、政府、企业和科研院所等，形成多方建设、共同发展的良好局面。可以以"校地校企合作"为助推，拓展外部资源，尤其要与当地政府的相关部门加强交流和合作，积极争取创新创业的优惠政策，形成学校、政府、社会三位一体的创新创业教育联动机制。可以通过"请进来"和"走出去"两种方式来完善体系的建立。"请进来"，即邀请具有丰富创新创业经验的政府或企业人员进校举办讲座或定期授课，将社会工作中的创业知识技能融入大学理论课堂；"走出去"，即组织教师、学生到具有创新创业特色文化的公司企业参观学习，以弥补自身实践能力的不足。

三、"链式"机制的现实意义

（一）增强大学生创新创业意识

大学生创新创业教育"链式"机制能有效促进学生的专业学习，可以培养其创新精神与创业技能，提升创业质量。在"链式"机制的影响下，通过提高学生的学科竞赛水平，培养学生的创新思维，激发学生的创业兴趣，锻炼与提升学生的创新创业能力，可以培养高素质综合型创新人才，提升学生就业的核心竞争力。

（二）促进高校创新创业教育与专业教育的融合

"链式"机制导向下，挖掘专业教育中的创新创业元素，培养学生的创新精神和专业素质，实现创新创业教育和专业教育的有机融合。通过引导和鼓励学生参加与专业相关的各类学科竞赛、创新创业训练，以赛促学、以赛促创，可以强化专业理论知识对创新创业教育的支撑作用；通过相关创新创业课程的学习，掌握创新创业的知识和技巧，可以进一步促进专业课程的深化改革和质量提升。

（三）保障创新创业型人才培养

高校创新创业教育"链式"机制是将一至四年级的思维启蒙教育、意识养成教育、能力提升教育、实践教育进行了有机结合，满足了不同年级和不同学习层次的学生对创新创业教育的需求。充分发挥各链条主体的作用，可以切实提升教育效果，达到"一体化"人才培养目标。

随着国家和地方政府对创新创业项目的重视和支持，大学生和教师对创新创业的热情日益高涨，综合能力素质也在不断提升。高校应加快建立并完善"科学、规范、系统"的创新创业教育体制的步伐，深化教育教学改革，加大创新创业教育软硬件方面的投入，以培养出更多的符合时代要求的高素质创新创业型人才。

第三章　高校思想政治教育与创新创业教育的关系

第一节　高校思想政治教育对创新创业教育的价值引领

价值是指在实践基础上形成的主体与客体之间的意义关系，是人类活动能动性、创造性的重要根源。在主客体的实践关系、认识关系中，渗透着主体基于自身需要对客体的选择及利用关系，或是客体能够满足主体某种需要的固有属性。这种主体需要和客体属性间的关系，就是主客体间的价值关系。创新创业价值观是由对创新创业的认知、期待和一定社会责任等要素结成的较为稳定的价值取向，其关系到创新创业的良性发展和总体目标的达成，影响着青年学生是否选择创业，选择什么样的创业目标，选择何种创业方式以及创业的路径。创业者本人也许意识不到，但创新创业价值观作为系统观念对创业行为随时随地起着重要的调节作用。例如，创业者创业动机是否端正，是否具有足够的自信心，创业过程是否诚信经营，是否依法依规指导创业行为等，都受到其创业价值观的影响。

一、高校创新创业教育中价值缺失的主要表现

（一）过度强调创新创业的社会经济价值，忽视精神价值的引领

高校创新创业教育没有对学生进行积极的价值渗透、引导和干预。片面关注青年学生对创新创业的热情和参与度，注重创业知识的培训、创业项目的推进、创业效益的达成，而忽略了对其进行创新创业精神的培养；片面强调人的主观能动性和自我主体性，缺乏对青年学生正确认知创新创业积极价值的引导；对那些学生奉行的功利主义、享乐主义等错误的价值取向并未采取积极的价值干预，对那些急功近利、盲目选择的创业观没有采取有效的批评和说服手段。在一个社会群体内，拥有共同的价值追求、价值目标，是组织凝聚力、战斗力的有效保障。每个国家的社会群体都在进行共同价值观建设，只是各个国家根据各自国情特点采取了不同的方式和手段。社会的存在和发展必须有其内在的向心力和凝聚力。社会的主流价值观是主导社会理想、信念和精神风尚的灵魂，它对于非主导地位的种种价值观念中不利于社会稳定和发展的成分具有强大的抑制作用，因而它也是国家经济

政治制度和思想文化制度的精神支柱，关系到国家的兴衰成败。忽视对青年学生创新创业的价值引领，就会与国家创新创业的战略发展目标背道而驰。

（二）过度强调创新创业的个人发展价值，忽视社会价值的引领

对于学生创新创业的目标而言，以创业带动就业是比较基本的目标指向，这个指向并未关注超越个体现实之外的崇高目标，对综合素质和精神境界的提升缺少注意。片面强调尊重个体权利、满足个体需要，助长了极端的个人主义价值观，甚至出现了社会价值观的空场。由于强调个人的创业目标，忽略了社会理想和政治理想，使一些创业的发展在一定程度上，背离了社会主流发展方向，亟待注入社会主义核心价值观的内涵。在价值多元的现实社会生活中，涉世未深的青年学生容易受到个人主义、拜金主义的侵袭，缺失理想信念，以功利主义作为创业发展的动力，因而在创业导向上，部分青年把创新创业视为快速提升自我能力的捷径，将艰苦奋斗视为守旧过时，甚至把弄虚作假作为创业成功的手段。一部分青年不承认有共同的价值观，主张价值观不能教，甚至拒斥价值观教育的具体内容。良好的价值取向不是自然形成的，良好的行为和习惯必须在日常生活中通过反复学习和艰苦磨炼才能形成，而价值观的引导则在其中发挥着至关重要的作用。青年作为成长中的个体，知识、品德和能力准备都严重不足，因此需要运用灌输的方法，用人类已形成的具有普遍意义的价值判断和在特定历史条件下形成的共同价值观给他们以正面影响。目前的创新创业引导过于关注个体情感，倡导每个个体探索自己的价值观，缺乏对价值观进行更多的积极正面的引导。

（三）过度强调创新创业的知识技能作用，忽视价值选择的引领

科技的快速发展极大地丰富了人们的物质生活，也使人们的价值判断和价值选择产生了碰撞与更新，带来了各种各样的新问题。以往"应试教育""唯分数论"严重忽视对于学生综合能力的训练、自信心的培养、道德意识和责任心的培育，使广大师生将目光锁定在考试大纲之内，学生也相应缺少了自主创新和独立思考的能力。标准化的课程设置、标准化的教学方法、标准化的考试方式消磨了个性、理想、创新这些可贵的品质。研究和解决价值问题的关键应该从主体出发，使其在明确自身价值的同时，也能关注到客体所具有的价值。现代的教学理念在实施过程中，一方面教师是教学活动的承担者、知识的传授者、价值观的培养者；另一方面学生则根据自己的需求，对教师所传授的知识进行分析和判断，做出相应的筛选，从而创造性地将其转化为自己的知识储备，并不断改善自身的知识结构。学校如果不能培养出具有批判性思维和鉴别能力的学生，就会使大多数学生无法形成自己稳定的价值甄别力，也无法在创新创业选择等问题上形成正确的价值观和行为，从而出现学习课程的需求被动化、参加教育活动的动机功利化、接受教育影响的态度消极化等现象。

二、高校思想政治教育对创新创业教育价值引领的实质

马克思主义价值观倡导人的自由、解放和全面发展，体现了对人主体性的尊重和关爱，

具有科学性、主体性和实践性的特征。同时马克思主义价值观深刻地体现着与时俱进的理论特征，是在实践中不断创新发展的、科学的思想体系，它大胆吸收与借鉴了人类文明所创造的一切优秀成果，并根据实践的需要不断地进行创新和发展。在当前中国国情和时代背景下应运而生的社会主义核心价值观，为中国特色社会主义建设各项事业提供了基本的价值原则，对社会生活一系列重大价值问题做出了明确的价值判断，是中国特色社会主义的价值诉求，是马克思主义价值观理论在中国的新发展，必将在新的历史时期，为广大青年学生的全面发展提供科学的价值指引。

（一）主导创新创业教育的发展方向

社会主义核心价值观引领当代大学生创新创业价值观，主导其创新创业的发展方向，避免了照搬照抄。党的十九大报告指出："要以培养担当民族复兴大任的时代新人为着眼点，强化教育引导、实践养成、制度保障，发挥社会主义核心价值观对国民教育、精神文明创建、精神文化产品创作生产传播的引领作用，把社会主义核心价值观融入社会发展各方面，转化为人们的情感认同和行为习惯。"加快建设创新型国家对高等教育适应国家经济社会发展、培养创新人才提出了新的要求。创新人才发展的战略地位越高，人才培养的方向性就越重要。大学生作为中国特色社会主义建设的中坚力量，其价值取向直接影响着社会主义事业的兴衰成败。大学生创新创业必须将自己正在做的事与党和国家倡导的意识形态相结合，在社会主义核心价值观的引领下，旗帜鲜明地体现政治的方向性，这是创新创业融入中国特色社会主义建设主流的必由之路。高校要将创新创业方向引领纳入课堂主渠道、日常校园文化活动和网络媒介等多种教育载体，对世情、国情、民情进行多形式、多渠道的渗透，为大学生创业者源源不断地注入精神动力。让大学生创新创业与中国特色社会主义的建设事业相结合，让大学生创新创业的必要性与现阶段中国的国情相结合，让大学生的创新创业梦想与中华民族伟大复兴相结合。

（二）优化创新创业教育的运行过程

社会主义核心价值观对当代大学生创新创业价值观的引领，关系着创新创业过程的持久性，其能够优化创新创业的运行过程。高校对大学生创新创业价值观引导的过程，是根据学生创新创业能力形成的规律和社会发展对创新创业观念的要求，通过各种载体施加影响，使其逐渐形成创新创业意识、提升能力的过程。其中需要教育多元主体共同参与，既需要高校作为教育主体发挥主导功能，也需要大学生作为受教育主体发挥主观能动性，相关客体也要参与其中。社会主义核心价值观对当代大学生创新创业价值观的引领，不是一个简单的从灌输到接受的过程，而是需要高校在创新创业实践中不断摸索，使大学生将这种认识内化于心，并转化为理想、信念和价值追求的过程。以社会主义核心价值观为指导，优化创新创业的运行过程，要求创新创业教育的内容、载体等遵循社会主义核心价值观的内涵要求，体现和尊重创新创业的规律，实现对创新创业的价值指导，把握创新创业项目的内容选择，规范创新创业发展过程，从而逐步发展创新创业能力，培育创新创业精神。

（三）整合创新创业教育的价值诉求

社会主义核心价值观对大学生创新创业价值观的引领，符合创新创业内涵的深刻性，能够整合创新创业的价值诉求。我国高校创新创业教育要在社会主义核心价值观的指导下，通过课堂灌输和实践项目对大学生创业者产生影响。就个体价值而言，在创新创业的教育过程中，社会主义核心价值观能够引导大学生树立恰当的价值目标，去实现正当的价值目的。创新创业可以激发大学生在实践中实现自我的欲望，并在对欲望追求的过程中产生行为的动力，激发其不断进取。就社会价值而言，首先，体现在社会主义核心价值观能够提升大学生的人力资本，帮助大学生进行科学的选择，选择与其职业发展要求相适应的社会观念、创业思想和创业方式；其次，体现在能够形成服务社会的价值观念，高尚的道德情操在一定条件下可以转化为勇于承担社会发展责任的巨大动力；最后，体现在能够引导大学生形成合理的创业价值取向，有助于合理配置人力资源，化解社会就业市场供需矛盾，促进社会整体和谐发展。

三、高校思想政治教育对创新创业教育价值引领的策略

（一）高校思想政治教育对创新创业教育价值引领的内容

价值观体现在国家、社会、个人三个层面，社会主义核心价值观正是由这三个层面的相互支持和渗透所构成的完整价值体系。核心价值观，承载着一个民族、一个国家的精神追求，体现着一个社会评判是非曲直的价值标准。社会主义核心价值观对大学生创新创业价值观的引领符合矛盾普遍性和特殊性的原理，具有普遍的价值引领和素质提升功能。大学生在创新创业过程中会遇到各种不确定的因素和问题，高校尤其要通过思想政治教育加强对大学生社会主义核心价值观意识层面的正确引导，使其能够运用科学的方法，分析和应对各种纷繁复杂的问题，以明确的理想信念提升创新创业素质。

1. 国家层面的社会主义核心价值观定位大学生创新创业的整体目标

"富强、民主、文明、和谐"从国家层面恰当定位了大学生创新创业的整体目标，具有鲜明的指导意义。"富强、民主、文明、和谐"是中华民族千百年来追求的梦想，为中国特色社会主义规定了发展方向。中华人民共和国成立后这些目标的逐步确立，是几代中国人在中国共产党的领导下不懈探索的重要成果，凝聚了全体中国人民对未来发展的美好憧憬。对价值观念的引领是建设中国特色社会主义的需要，只有这样，才能在前进的道路上通过各种考验，才能抵制住一切腐朽思想的侵蚀，才能始终保持革命者的品质，使我国的现代化建设能够沿着社会主义道路健康地向前发展。"富强"的本义是国富民强，邓小平明确指出："社会主义的特点不是穷，而是富，但这种富是人民共同富裕。"创新创业正是从国家层面，推动经济发展，改善人民生活，提高综合国力的战略举措。"民主"是人类社会的美好诉求，是社会主义的生命，也是创造人民美好幸福生活的政治保障。"民主"是对国家政治生活的要求，要在社会主义政治文明和法治国家建设过程中逐步实现。"文

明"是社会进步的重要标志，是社会主义现代化国家文化建设的应有状态，是对面向现代化、面向世界、面向未来的，民族的、科学的、大众的、社会主义文化的概括，也是实现中华民族伟大复兴的重要支撑，为青年创新创业提供了强大的精神动力和智力支持。"和谐"是中国传统文化的基本理念，是社会主义现代化国家在社会建设领域的价值诉求，是经济社会和谐稳定、持续健康发展的重要保证，集中体现在学有所教、劳有所得、病有所医、老有所养、住有所居。在"大众创业、万众创新"的时代背景下，创新创业只有在社会主义核心价值观的引领下，才能与党和国家倡导的意识方向相结合，才能融入社会主流；学生的信仰才会更加坚定，创新创业之路才能走得更加稳健。学生在创新创业的过程中要树立为人民服务的人生态度，树立个人成长与服务社会、奉献社会一致性的人生价值取向，从而实现全面自由发展。要在整体目标的科学指导下，教育学生以时不我待的精神，积极投身到创新创业的洪流中去。要以"富强、民主、文明、和谐"的共同理想来支撑学生的精神世界，引领其前进方向。要将社会共同理想的要求体现在对创新创业进行引导的不同载体中，使学生在广泛参与社会实践的过程中，感受中国特色社会主义建设的突出成就，促使其把个人理想融入社会理想，形成具有大格局的创业意识和创业梦想。

2. 社会层面的社会主义核心价值观明确青年创新创业的发展准则

"自由、平等、公正、法治"从社会层面规范了大学生的思想和行为，为大学生创新创业提供了更好的环境和公平竞争的机制，也是创业组织内部要达到的理想状态和所要遵循的管理原则。"自由"是人类共同的精神财富和价值理想。马克思指出："人的本质不是单个人所固有的抽象物，在其现实性上，它是一切社会关系的总和。"创新创业是通过劳动实现自我的一种方式，是自由生命的表现，追求自由发展的大学生，更应该投身于创新创业的时代大潮之中。"平等"是实现自由的前提，以公有制为主导的社会主义制度，实现了实质上的平等，为真实的自由奠定了基础。大学生创新创业正是在平等的制度体制下，才能够拥有良好的社会发展环境，因此开展大学生创新创业教育也必然需要对平等的自觉遵守和维护。"公正"即社会公平和正义，是中国特色社会主义的内在要求。2013年12月31日，习近平在《切实把思想统一到党的十八届三中全会精神上来》中强调："全面深化改革必须以促进社会公平正义、增进人民福祉为出发点和落脚点。"维护公平正义的社会责任感是一种内化于心的良知，是维系市场运行的重要因素，是大学生参与社会竞争的核心能力。高校通过课堂和多种校园文化载体将社会要求的创新创业准则转化为大学生的个人准则和行动指南，尊重一分耕耘一分收获，提升大学生创业者的社会义务和责任担当。"法治"是国家治理的首要原则，市场经济体制下的创新创业，要以法的形式确认自己的财产，用法治的思维方式规范思想和行为，保障生产生活的顺畅。高校要把社会层面的核心价值观作为发展准则灌输给学生，使其内化为大学生创新创业自觉遵守的行为规范，让学生在创业过程中采取恰当的方式，在不断加强自身素质、提高自身能力的基础上获得良好的创业发展。

3. 个人层面的社会主义核心价值观保障青年创新创业的人才素质标准

"爱国、敬业、诚信、友善"作为对大学生的个体要求，保障了大学生创新创业的基本人才素质。"爱国"是大学生创新创业的驱动力，"敬业"是大学生创新创业的保障力，"诚信"是大学生创新创业的生命力，"友善"是大学生创新创业的助推力。"爱国"是一个民族兴旺发达的精神支柱，以坚定的理想信念和炽热的爱国情怀增强大学生创业者的责任感和使命感，以强烈的国家认同感增进大学生创业者的归属感和安全感，可以激励其通过创新创业为国家经济发展作贡献。创新创业是高风险的挑战，针对创新创业道路的艰难，爱国主义以其具有的巨大的鼓舞力量，成为激发大学生创新创业并为之努力拼搏的内在驱动力。"敬业"是一种从业态度，创新创业要求个体不安于现状，敢于创新和尝试，诸多研究表明积极的心理品质能够培养学生的创新能力，提升创业成功机会。"敬业"要求大学生以百折不挠的精神开拓进取，以不畏艰难的精神面对挫败，发扬实干精神，保持对创新创业过程的敬畏，勤奋踏实地将创新创业进行到底。"诚信"是做人的第一品质，人的本质属性是社会性，人的一切活动都离不开与他人的交往与合作，而诚信是合作的通行证，要想赢得他人的支持与信任就必须待人以诚，否则创业无法持续发展，一切的职场行为也都将寸步难行。"诚信"是保证大学生创业成功的无形资产，是保障大学生创新创业生态良好的肥沃土壤。"友善"是指人与人、人与社会和人与自然的友善，作为中华民族的传统美德，"友善"能够显著提升个体的亲和力，大学生创业者要以"友善"为出发点，以仁爱之心构建大学生创新创业的自我修养。高校要将个人层面的核心价值观作为人才培养的素质标准，构建高校创新创业教育与思想政治教育相结合的教育体系，培养具有新时代主题精神的创新创业人才。

社会主义核心价值观从国家、社会、个人三个层面凝聚、彰显了中华民族和中国特色社会主义特有的价值标准。大学生创新创业只有在思想政治教育的价值引领下，才能确保发展方向，确保符合国家创新发展战略目标。高校思想政治教育以社会主义核心价值观对大学生的创新创业进行价值引领，让创新创业成为大学生践行社会主义核心价值观的有效着陆点，使得大学生的创新创业有了更高的使命目标和价值依赖，从而为大学生精神层面的成长补充养分，为国家培养"有理想、有追求、有担当"的创新创业人才提供保障。

（二）高校思想政治教育对创新创业教育价值引领的载体

高校思想政治教育对创新创业教育的价值引领要通过一定的教育载体形式才能有效地传导到教育的各个要素中和各项实践活动中，要通过课程载体、实践活动载体、网络载体来体现和反映价值引领的具体教育内容。

1. 课程主渠道载体

高校创新创业教育课程是为提高学生创新创业能力和素质而选择设置的教育及训练内容，是学生自觉、主动参与的创新创业指导活动的总和。2007 年 12 月，教育部办公厅印发了《大学生职业发展与就业指导课程教学要求》（教高厅〔2007〕7 号），自此全国高校普遍开设了职业生涯规划、就业指导、创业指导等各类必修或选修课程，但从目前课程体系的内容覆盖情况来看，尚不足以全面提高大学生的创业能力和创业素质，培养大学生正确的职业态度和积极的创业精神，还需要一系列基础课程和专业课程的有机融合。例如"思想道德修养与法律基础"课程，在马克思主义理论指导下，作为当前大学生思想政治教育课堂主要教学内容之一，涵盖了理想信念教育，以及世界观、人生观、价值观和法制观等方面的教育。该课程可以引导大学生坚定理想信念，认识和把握个人价值与社会价值的关系，提高自身的道德素养和法律素养，为大学生确立正确的创业目标、选择正确的创业方向奠定思想理论基础。作为思想政治教育重要组成部分的"大学生心理健康教育"课程，贴近学生成长发展中的心理问题，有助于引导学生确立正确观念和运用调节方法，在内容上更加注重预防性和发展性。该课程可以提升大学生的心理调适能力和社会适应能力，为大学生的创业发展和创业规划奠定良好的心理基础。此外还有"专业课程教育"，这是大学生了解专业知识、提升专业能力的主要途径。专业课程学习可以增强大学生对本专业的职业兴趣，使其熟悉本专业的伦理规范，深入研究本专业的知识技能和发展动态，学习积极进取的行业精神，了解行业责任与担当，进而提高创业素质和创新能力。

2. 实践活动载体

实践是创新创业教育最有效、最直接的教育载体。大学生必须在实践中合理规划创新创业目标，有计划地探索创新创业发展路径，提高创新创业的知识技能。除了各级各类的创新创业设计大赛和作为创业园孵化资助的创业项目实践外，创新创业教育实践活动还要与日常思想政治教育实践活动有机结合，与校园文化活动紧密衔接。一是召开以创新创业为主题的班会或是党团组织生活会，引导大学生关注创新创业，树立创新精神，培育创业观念。二是组织志愿服务社会实践活动。大学生通过参加福利院、敬老院、慈善会和红十字会等志愿服务活动，参加科技、文化、卫生"三下乡"活动，绿色环保活动，助老、助残、助幼的健康救助计划等，在实践体验中丰富社会阅历，获得积极向上的情感体验，树立积极进取、敢于担当的创业精神，感受各种职业，磨砺创新创业所需要的道德品质，提升综合能力素质。三是开展企业考察和创业成功人物访谈。企业考察可以使学生明晰行业发展前景，深刻了解企业发展情况，懂得创业的艰辛，感受企业文化，为创业选择奠定基础；通过创业人物访谈，了解其创业过程的详情，可以认识自身在创业方面的优势与不足，利于大学生做出较为恰当的调整和制定较为明确的目标、方向。

3. 网络载体

网络思想政治教育作为大学生思想政治教育新的重要载体，其教育内容集中体现在对学生成长过程中面临的关键问题的价值引导，其内容的完善是在优化原有思想政治教育内容基础上，实现教育内容先进性和广泛性的有机结合。网络思想政治教育是对思想政治教育内容的丰富和发展，也是在新的时代背景下对社会发展和学生成长需要的满足，其中，理想信念教育和道德教育是其永恒不变的核心内容。网络思想政治教育既包括思想政治教育核心层面的内容，还有根据教育对象的时代发展需求而延展出来的教育内容。当前创新创业已成为时代发展的潮流选择，与大学生个人成长紧密相关，网络思想政治教育需要在创新创业教育内容上予以回应，以发挥其不可或缺的重要作用。学生利用丰富有效的网络载体，及时传递创业信息，学习创新创业精品课程，进行职业发展自我认知和线上自我测试，同时学校要注意进行合理的价值引导、价值渗透，引导大学生树立科学的创业价值观、创业道德观，从而确定恰当的创业目标，将社会主义核心价值观要求融入个人发展规划，形成线上线下的教育合力。

（三）高校思想政治教育对创新创业教育价值引领的机制

高校思想政治教育对创新创业教育的价值引领，要采用适合价值融入的基本机制，包括充分体现价值内化的价值引导激励机制、价值渗透认同机制、价值干预制约机制。

1. 价值引导激励机制

激励机制，是对人主观动机的激发。以物质或精神等方式鼓励大学生为实现创业理想、提升创业素质而努力。

首先，可以在正确的价值观念的指引下，帮助大学生设置创新创业的发展目标。就激发动力而言，高尚的理想信念具有长久的激发效能。将个人的创业理想纳入社会共同理想的层面去审视，把整体的创业理想分解，设定为不同阶段的子目标，再通过分阶段的目标，把远大抽象的理想转化为切实可行的分阶段行动计划，从而充分提高目标的激励性，充分调动大学生作为实施主体的主动性和能动性。让大学生接受创新创业教育，并不是一时缓解就业压力的权宜之计，教育的直接效果也并不体现在有多少比例的毕业生去创业，无论大学生将来是否选择创业，都会在接受创新创业教育的过程中，提升其自身的综合素质，形成适应未来职场和社会发展需要的创新意识和创业能力，激发其"学专业、想创新、敢创业"的动机。

其次，改革人才培养模式。将创新意识培养、创业素质和能力提升分解为各课程培养目标的观测点，纳入课程教学体系，通过课内教学和课外实训等丰富多彩的形式，开展内容广泛的理论学习和实践活动；建立与理论教学相配套的实训基地，通过孵化园区推进高校科研成果转化，依托学校创业孵化园鼓励学生进行创业实践，支持学生以项目申报的形式遴选进入创业园实践，以多种形式吸纳社会企业设立创业基金，孵化大学生创业项目；成立大学生创新创业社团、协会，营造浓厚的校园创新创业氛围；将创新创业学分与第二课堂实践有机衔接，以参加某级某类创新创业大赛获取创新学分的形式，激发学生广泛参与的热情，使学生在参与项目实践和准备大赛的过程中，感受竞争与合作，提升能力和素质，促进个人的快速成长。

最后，建立奖励机制。表彰在创新创业方面取得突出成绩的师生，使他们既获得物质上的嘉奖和更有力度的创业项目资金支持，又得到广泛的宣传，被树立为校内外的榜样典型；邀请成功创业的优秀校友返校，授予创业导师荣誉称号，安排其讲授创业课程，在以他们的创业经历激励广大学生的同时，吸纳部分优秀学生进入其企业创业实习，搭建校企合作创业平台；在学校的价值引领下，将定位合理的目标激励、公平有序的竞争激励、充分及时的奖励激励等外在形式转化为大学生创新精神培养、创业能力提升的内在动力。

2. 价值渗透认同机制

需要是人的本性，人的各种行为活动都是在需要的推动下进行的。创新创业教育要通过多种方式的渗透使其内化为学生的主观需要，进而形成积极自觉的外在行为。成就动机需要在高层次的精神需求下产生，要想达成创新创业目标，主体必须具有远大理想和不懈追求的需要。坚定的意志是在个体精神需求下形成和锻造的，这已经被众多的创业成功者充分证明，创业主体在意志的驱动下，将并不稳定的需求动机转化为相对固化的兴趣爱好时，创新创业的行动会更加充满热忱，过程也会更加多姿多彩。

尊重大学生作为受教者的主体地位，实现教育者与受教者之间自由平等的交流。不是所有的个体都能够成为创业成功的典型，但一定能够在梦想需求的动力驱使下提升素质、锻炼能力。以境育人，调动学生参与创新创业的意识，在校园文化氛围营造、项目平台搭建、政策扶持、资金保障方面确保大学生创新创业环境的良好，帮助尚处在创新创业萌芽阶段的大学生探索发展路径，规划适当的发展目标。在良好的创业环境下形成大学生作为创业者的主观需要和梦想，在此基础上端正大学生的创业发展观念和价值取向，培养良好的创业态度和创业精神。

激发大学生实现自我和奉献社会的双重需要。创新创业的过程是实现和创造人生价值的过程，要将其当成自己喜欢的事来做，在进程中不断体验、实现自我的满足感，并用自身的影响力带动更多的学生参与其中。创新创业是一个主动参与、主观投入的过程，是真正从"要我学"到"我要学""我要实践"的转变。实现自我的衡量标准不是物质价值获得的多少，而是个人综合素质在创业的过程中为未来职场发展所做的准备和提升，体会创业的艰辛，是在任何课堂和书本中无法得到的收获和感悟。创业不是靠大学生创业者个人或一小部分群体就能成功和发展的，这是一个在国家政策扶持、全社会共同推动的大背景下进行的教育实践活动，参与其中的大学生创业者会深刻感受到来自学校和社会各方面的帮助，作为最大受益者的大学生，未来的发展道路无论是创业还是就业，都应心怀感恩并回馈社会和国家。社会中也确实有越来越多的成功创业者，以感恩的情怀投身各项社会公益事业，奉献爱心，体验实现社会价值的快乐与荣耀。社会和高校应大力宣传这些事例，在榜样的激励下将个人成长与奉献社会紧密相连。

3. 价值干预制约机制

市场经济条件下多元的价值取向给大学生创业观念带来了复杂的影响，各种矛盾和利益冲突出现在创业的过程中，随时考验着涉世未深的大学生。因此，高校要在创新创业教育过程中，应有计划、有步骤、分层次地进行疏导性转化和心理层面干预。

疏导性转化首先是进行"分类指导"。教育对象在不同阶段会面临不同问题，即大一到大四所面临的不同的阶段性问题，大一是意识不强，大二是认知不清晰，大三是目标不明确，大四是决策困难和实践能力不足等。大学四年不同的教育时期，主要问题和重点问题的侧重点是不同的，针对不同时期要制定符合该时期特点的教育策略；在同一个教育阶段，还存在不同类型特点的教育对象，需要根据各自的特点选择有针对性的教育内容和方式，以达到既定的教育效果。其次是因势利导。要根据创业观念和创业选择的基本规律，抓住创新创业发展的正确方向，选择合适的机会对学生进行指导，使其以积极的价值取向为创业发展做好准备。

心理层面干预与医学上的心理治疗不同，它指的是在大学生创业过程中运用心理学的方法对大学生主体进行心理干预，其出发角度是站在教育的立场，强调的是教育和引导的作用，目的是培养和提高大学生管理情绪、应对挫折和自我认知选择的能力，促进其全面发展。全体在校学生都在干预的范围内，既包括在创业选择和发展过程中遇到问题，引起心理焦虑等需要进行调节和帮助的大学生，也包括其他所有需要和应该提升心理素质和能力水平的学生。通过心理学专业的引导，以普遍课堂灌输和个别疏导咨询相结合的方式，缓解大学生的压力和困扰，使其在多元价值取向的影响下，对创业目标的设定、发展道路的选择做出正确的判断。

第二节　高校创新创业教育对思想政治教育的学科贡献

一、丰富高校思想政治教育的理论资源

（一）多学科的交叉视野与研究借鉴

1. 管理学借鉴

高校创新创业教育是集多学科于一体的综合型教育，借鉴管理学可以从管理学的视野和研究范式下，填补其实践运行中出现的空白领域。高校创新创业教育是一种建立在实践基础上的教育活动，管理学则更多地关注技术性问题的解决，目的是通过各种要素的组合，达到预期目标。管理学是实践者的哲学，固有资源和追求实现最大化绩效之间的矛盾是其主要矛盾。高校创新创业教育是实实在在的管理活动，不再仅仅是简单的课堂教学活动，更多的是参与现实社会中实践的运作，其整体教育目标为实现管理活动的有效运行指明了方向。管理学为高校创新创业教育奠定了基础，提供了广阔的发展空间。高校创新创业教育管理意味着实现投入资源的最大化效益产出，减少教育资源的消耗和浪费，更高效地培养出高质量优秀人才。站在管理学的视角，教育者要注重目标的细分，重视学生个体需求与受教群体的水平差异；管理学范式的融入，科学评估体系的建立，有利于合理调整教育内容，提升教育队伍水平，有利于实现教育目标和保障教育质量。在实践模式上，只有通过管理、引导和控制，使受教者的认识、意识、情感充分外化于实践过程，才能实现教育轮回的完整性。本质上，管理是通过预测、决策、计划、指挥、协调和控制等一系列手段，充分整合系统内部和外部各种资源，最大效率地组织调动各种力量，发挥优势，形成合力。

管理环境、管理主体、管理客体、管理目的和管理信息五要素支配管理行为的发生。管理学是为满足社会化大生产的需要而产生的，是一门综合性的交叉学科，高校创新创业教育引入了更多管理学理念，对高校思想政治教育有多重的借鉴价值。

2. 教育学借鉴

教育学是研究教育现象和教育问题，揭示教育规律的科学。整个教育科学体系都基于教育学的基本理论，教育学揭示了教育的性质、目的、原则、方法，以及教育发展的一般规律。高校思想政治教育本身是教育学的一个分支学科，当然要遵循教育学所揭示的教育的基本原理、原则和方法，并借此研究高校思想政治教育所固有的特殊规律，进而建立特有的学科体系。从教育学的理论和方法上而言，教育的原理、原则和方法，主要适用于业务知识教学。业务知识教学和高校思想政治教育有相近的地方，也有很大的差别。而高校创新创业教育则更多地运用了教育学原则，如教师的主导性与学生主动性相结合的原则，教育系统性与发散性相统一的原则，科学性与思想性并重的原则，关注总体水平与个体差异的原则等，同时还借鉴了讲授、讲解、实践实习等具体的教学方法。

（二）开放式的问题研究与国外资源引介

1. 创新意识教育问题

创新意识是指人们根据社会和个体生活发展的需要，引起创造前所未有的事物或观念的动机，并在创造活动中表现出的意向、愿望和设想。通过社会实践增强和培养创新意识，最重要的还是要将这种意识合理地运用到社会实践当中。著名思维训练家、创造性思维之父爱德华·德·波诺认为："知识不能代替思维，思维也不能代替知识，即使能够完全掌握过去的全部知识，但对未来的知识知之甚少，这就必须要有思维。"所以应重视"创造性努力"和"创造性态度"，坚持奖赏人才对创造性本身的努力多于奖赏创造性的研究成果。创新意识包含创新动机、创新兴趣、创新情感和创新意志。创新意识是一种非智力因素，并非生而有之，需要后天的培育和养成。

大学生的创新意识是指，大学生在解决学习生活中遇到的问题时的处理意向与方法设想，是发挥其主观能动性进行探索手段的创新，进而提升其创造能力的一种特定心理状态。在大学生的创新创业实践中创新意识发挥着重要作用，它是创新型人才培养不可或缺的组成部分，是高校实施素质教育的内在要求，是推动社会科技进步的关键因素，是大学生国际竞争力的重要体现。

在国际社会，对大学生的创新意识进行研究的学者甚少，国外文献中也难以找到确切记载。但是国外学者中有从企业角度出发来阐释创新的重要性的；创新思维、创造力理论、创新动机理论等方面也有很多研究，这些研究是创新意识的侧面体现；同时，国外广泛涉及的创新性思维课程中也体现了创新技巧与创新意识的培养。这些优秀的国外研究成果为我国大学生创新意识的培养提供了参考和借鉴，但由于各国文化、历史和社会性质的差异，绝不可直接照搬，必须结合我国客观实际，批判性地加以吸收和利用。

2. 团队意识教育问题

1994 年，组织行为学权威、美国管理学教授斯蒂芬·罗宾斯，第一次提出了"团队"的概念，即为了实现某一目标而由相互协作的个体所组成的正式群体。随后的一段时间里，"团队"和"团队合作"的理念风靡全球。关于团队概念，斯蒂芬进一步指出，如果团队合作是出于参与方的自愿，那将形成持久强大的力量，这就是团队的力量。对团队含义的诠释随着时代的发展较其最初丰富了许多，对团队的理解更是多种多样。美国哈佛大学心理学教授理查德·哈克曼在《群体智慧：用团队解决难题》一书中，以其多年来管理团队的经验，指出了团队成绩的关键性以及知名团队的关键性，形象地把团队称之为"群体大脑"。他认为一个优秀的团队应具备以下几个条件：一是彼此依赖和稳定，二是组织环境具备支持性，三是有优秀的团队指导，四是有良好的团队制度或规范。英国伦敦政治经济学院管理心理学教授麦克尔·韦斯特在其《成功团队管理的秘诀：培养团队精神的 23 种实战练习》一书中，解析了团队合作的好处，从管理学的角度对团队的类型进行划分，阐述了团队管理的核心以及团队管理的风格，研究了怎样创建一个有极强工作效率和巨大凝聚力的团队。美国项目管理领域的专家弗兰克·托尼在其《卓越项目领导与团队精神》一书中，阐述了项目领导怎样转化出更高的财务绩效、更高的项目质量，文中阐述的许多思想观念都是中西结合的，具有很大的借鉴意义。

综合这些论述，团队意识是团队中的个体凭借其对团队的归属感、荣誉感、认同感，树立与团队其他成员共同奋斗的意识，从而形成团队合力，实现共同目标。团队意识是个体对团队的特殊情感意识，集体归属感、集体荣誉感和集体认同感三个方面是团队意识的具体表现形式和核心。团队意识是一种个体的主动行为，指导个体在团队中发挥最大作用。团队意识外化为成员间的相互配合，为达共同目标发挥自己的独特作用。团队全体对最终目标有共同认识，能够准确把握自身以及团队其他成员在团队中的角色，直观了解团队整体运作过程以及团队成员的内在联系。

大学生的团队意识在团队成员、共同目标和氛围上有特别之处。团队合作在创新创业的过程中十分重要。一般团队多注重绩效和成绩，而大学生团队则更多关注个人的成长和提升，满足各自的发展要求，目的性和功利性成分较少。大学生团队能凝聚成有机统一的整体，每个个体在整体中担任独特的"细胞单元"，整个团队的运作通过"细胞"间的协同参与共同完成。大学生团队内部氛围良好、成员关系融洽、压力较小。大学生作为一个特殊的群体，团队意识的培育对其成长意义非凡。团队意识是传承我国优秀传统文化的内在要求，是形成整体意识和国家意识的基础，能够促使当代大学生更好地适应社会，从而促进社会和谐。团队意识的培育作为大学生自我发展的重要内容，是高等教育的重要组成部分，在高校思想政治教育中充分实施团队意识教育，有利于培养大学生的健全人格，促进其全面发展。

3. 风险意识教育问题

第一位研究风险问题的是英国社会学家玛丽·道格拉斯，她是最早从社会科学角度对风险进行研究的学者，开创了风险的"文化"研究视角；而德国人类学家、社会学家乌尔里希·贝克是该方面理论的集大成者，并在 1986 年首次提出了"风险社会"的概念。作为反思性的一种理论体现，不同学者对风险社会有不同的理解和诠释，进而对风险社会的研究路径也不尽相同，德伯拉·勒普顿归纳了三种研究范式："风险社会"理论、风险"文化/象征"理论和风险"治理性"理论。风险社会理论是基于西方中心主义的理论取向，产生于特定思想文化背景之下。为应对我国快速发展中的现代社会风险，必须充分借鉴西方风险理论研究的先进成果，结合中国本土现实国情和文化基础，吸收其风险规避、预防和应对的成功经验，为己所用，完成中国本土风险社会的构建。

风险文化理论不是制度层面的一种社会秩序，它重点强调的是文化层面。现代风险是人们主观意识的结果，在现今社会，人们的心理认知水平决定了被察觉、被意识的风险的增多和加剧。风险具有一定的未知性、不确定性和潜在可能性，而风险意识也随着对象、地点、实践的改变体现可变性。这两种不确定因素的叠加作用，使得风险演变更具复杂性。风险文化理论本身存在着主观化、夸大化的局限性，夸大了社会边缘群体的作用，忽略了其他国家的经验，并不能普遍适用。中西方经济发展阶段不同，致使西方的理论陈述并不能完全与中国的国情相吻合。中国文化传统注重"人与人"关系的处理，西方文化传统强调"人对物"的征服和开发，启蒙运动伴随西方工业革命，理性主义指导现代化建设，随之产生区别于传统的全新的生活方式和价值观念。中国的传统文化则以一种协调平衡的思想处理"人与人""人与自然"的复杂关系，仁民爱物，避免重蹈西方工业社会的危机，通过对自己的修省，以德性文化应对风险。

中国传统文化中蕴含着应对社会风险的内在属性，特别是中国传统文化强调的是德性、和谐，而不是西方的智性、对抗。绵延几千年的中华文化，是中国特色哲学社会科学成长发展的深厚基础。构建中国特色哲学社会科学要立足中国国情、借鉴国外、洋为中用、古为今用，在指导思想和话语体系等方面充分体现中国特色、中国风格与中国气派。在风险社会时代，中国传统文化的精神和价值应该得到彰显。

大学生的风险意识，是大学生在特定的发展阶段，特别是在创新创业过程中，科学认知和深刻反思自身面临的风险，进而积极主动应对和规避风险的态度和行为。在某种程度上，大学生风险意识可以看作是当代中国风险意识的一个缩影，主要表现在两个方面：一是实事求是地认知、了解现代化建设和个体所面临的风险；二是以科学的态度对待创新创业中的风险，做到既要勇于面对又要善于规避和应对。要立足中国国情，吸收中华民族五千年历史积淀的文化养分，借鉴西方风险文化理论，进一步实现风险文化理论的新生，推动风险意识教育。在高校创新创业教育中，对受教育者施加有目的、有计划、有责任的意识教育，培养大学生感知风险和抵御风险的能力，使其能够更加清楚地感知风险，认识和规避风险，成为一个具有风险意识和科学应对风险能力的人，以更好地实现个人的全面发展和促进社会主义和谐社会的构建。

（三）实践性的理论实践与经验积累

1. 创业教育理论的实践导向

目前，高校创新创业教育还未能成为一个独立的学科，其主要原因有以下两点：一是创业教育具有目标的多重性、对象的广泛性、学科边界的模糊性和教学方法的实践性四个突出特点。创业教育因文化而异，不同的文化背景下创业教育的概念和使用是有区别的，其中还包含了个体和公众不同的价值判断。另外创业教育的目标、对象、内容是多样的。创业教育的内涵也是一个不断演化的过程，具有历时性。二是高校创新创业教育是一项系统的工程，需要综合考虑对其产生制约影响的各种社会因素和自然因素，统筹把握高校创新创业教育与政府政策、经济发展、社会进步、科技创新和文化嬗变等诸多外部因素的复杂关系，需要兼收并蓄相关学科的原理和知识，实现不同学科概念、方法和技术手段的融会贯通。

实践的教育理念和模式建立在实践对于教育理论的重要价值基础之上，这是已经普遍达成共识无须论证的理论。创业教育具有深厚的实践导向理论基础。反省教学强调专业教育要以技艺补充技术性不足，强调要具有实体呈现及社群互动性质的课程结果，强调要从真实生活经验出发作为教学的开始。因为实际情况中，专业教育传授的都是比较容易和不重要的知识，而实际生活中却存在非常重要又难以解决的问题，需要通过强有力的"科技整合"来克服实务能力与专业知识之间的差距，解决专业教育的信赖危机。"实体呈现"是为了协助经验的记忆，"社群互动"在于促进学生和他人的互动，将"从真实生活经验出发"作为教学的开始，主要是针对传统教学方式形成的"堆积教育"问题而提出的。学生不是被要求去知道或理解，而是要去记忆老师所讲的内容，学生事实上没有任何认知行为，这就是所谓的堆积教育。创业教育注重反省教学的观点，切中了当下高校思想政治教育重灌输轻互动、重记忆轻认知的弊端，以此为理论基础的实践导向教育理念和模式，强调促进理论与实务的结合。

建构主义关于知识和学习有两项基本主张：一是世界是客观存在的，但是对于世界的理解和赋予的意义却是由每个人自己决定的；二是知识不是恒定不变的，而是需要主动发现的，知识是经过批判和创造，从而不断地成长的，具有概念的复杂性和实例间的差异性两个基本特点。创业教育具有模糊性和风险性等实践性特征，实践活动为学生提供最初的、直观的创业体验，使其在实践中充分培养风险意识，提高实践能力，突出其主体性地位，充分发挥其主观能动性。高校创新创业教育中的知识、意识、能力和精神，只有内化为学生的基本素质，促使学生自觉地实践，才能实现高校创新创业教育的根本目标。只有在实践过程中注重学生主体体验，通过体验在理论和现实之间、学生和社会之间建立起沟通的桥梁和纽带，在学习和实际操作之间形成顺畅渠道，才能实现理论探讨到实践成果的转变，引导学生获得感性认识和经验积累，完成从在校学生到社会人的转变。

高校创新创业教育作为应用性学科，更加注重"实践性"导向。与基础学科主要解释

"是什么、为什么"不同，应用学科重在解释"做什么、如何做"。作为应用性学科，创业教育学具有强烈的实践性特征。正因如此，在 20 世纪 80 年代之前，"创业是不是可教"曾经成为创业研究领域前提性的问题。现在"创业特质论"还会谈到这个问题，但这一理论在逐渐衰落，"创业是不是可教"的问题已经越来越淡化。实际上，"创业是不是可教"本质在于"教什么"和"怎么教"。正如人们反对、批判在黑板上教修机器、在教室里教种田一样，创新创业是不是可教，强调的是创业教育的实践性。"不可教"反对的不是教，而是不合适的教法，传统的粉笔讲授灌输模式很难再适应创业教育的学科要求。创业教育学的源头就是从人类创业实践活动中汲取力量，面向丰富多彩的创业实践，其在改造世界的过程中接受检验，并随着实践的发展而发展。

彭钢在《创业教育学》中指出，创业实践活动中发生的实践过程与学习过程具有同样重要的地位。创业教育学是以解决实践过程中出现的问题和矛盾为中心的学习，在不断解决各种实践问题的过程中，形成从学习到探究的模式，是在实践活动中边学边做，学做结合，灵活运用各类知识，并努力促使新知识与实践行为有机组合。在这里，学习过程和实践过程高度统一、紧密结合，常常很难分清什么是学习，什么是实践，什么时候学习，什么时候实践。

2. 高校创新创业教育的实践环境构建

高校创新创业教育的优势在于具有丰富的一线经验，具有凝练成理论的实践基础。高校作为创新创业教育的实施主体，不是一个闭塞的环境。高校创新创业教育在实现良性循环过程中，充分调动高校、政府和社会中的一切资源与力量，以政府和社会为其提供的政策支持与资金投入作为辅助支撑，努力实现资金流动、实践对接、技术转移和文化建设等方面的交互配合，使得资金、信息、人才等形成良性循环流动。在高校、社会、政府、企业之间形成健康可持续发展的实践生态系统，这个系统决定和制约着高校创新创业教育的效果。

高校创新创业教育实践环境构建具有开放性。以往的创业教育只注重学生专业知识的机械传授，缺乏理论与实践相结合的教育环节，使学生不能准确把握社会对人才的要求，导致高校人才培养模式与社会实际需求脱节。高校创新创业教育所构建的生态实践环境，将高校创新创业教育置于社会大环境中，在理论与实践的协调统一下，与外界保持良好的信息交互。在高校创新创业教育实践环境的构建中，存在不同功能的组织要素，其中企业提供创业资金支持、高校承担学生创新创业教育和实践训练、政府建立创新创业监督保障体系、组织机构提供创业咨询和有效信息等，各要素之间相互沟通、配合，其协调的整体运作效果，远远大于各组织要素的简单相加，确保了系统的良性循环。

高校创新创业教育实践环境以高校为主体。高校结合社会经济发展中对于人才培养的客观需要，优化高校创新创业教育体系和人才培养方案，调整课程安排和教学内容，加强师资人才培养和队伍建设，搭建培训基地与实践平台，营造校园创新创业文化氛围，全方位、多层次地完善创新创业教育的培养体系，构建创新型大学，通过"创造新技术、输出新成果、培养新人才"来提高大学生的行业竞争力和岗位适应力。

高校创新创业教育实践环境以政府为引力。通过在新企业审批、创业启动资金筹集、专业型人才培养、技术转移条件和知识产权保护等方面出台法规政策作为创业保障,充分发挥政府在高校创新创业教育活动中的引导作用,促进高校创新创业教育实践系统的良性运作与快速发展,为大学生接受高校创新创业教育,进行创新探索,开展创业活动,提供系统化、多元化的监管、服务和支持。

高校创新创业教育实践环境以社会为助力。社会作为大学生开展创业活动的舞台,对大学生创业活动具有重要的推动作用。在整个社会营造重视、鼓励、支持创业的良好氛围,为大学生的创业活动注入创业启动资金,提供咨询帮助,推动高校科研成果的转化进程。通过社会上的非政府组织,如天使基金、智囊团、创业者联盟等,将大学生创业的资金筹集、信息收集、咨询帮助扩展到社会范围内,汇聚社会力量助力大学生创业活动的开展。

二、优化思想政治教育的学科体系

(一)充实基本理论研究

1. 以面向全体学生、结合专业教育为核心理念

我国高校创新创业教育自起步阶段起就确立了面向全体学生的教育取向,将有效培养学生的创新意识、创业能力、创造精神作为其教育教学的目标定位。这就意味着,高等学校既要不断提高人才培养的质量和人才的社会适应性,同时也要加强对学生的创新意识、创新精神和创业能力的培养。随着大学生就业压力不断增大,早期的创业教育受传统教育思想影响,在价值取向上存在明显的功利性。针对这一现实问题,2010年教育部召开了高等学校创新创业教育和大学生自主创业工作视频工作会议,随后下发了《教育部关于大力推进高等学校创新创业教育和大学生自主创业工作的意见》(教办〔2010〕3号),又一次强调了"以培养学生创新精神、创业意识和创业能力为核心"的价值定位。时任教育部副部长陈希在讲话中明确提到:"创新创业教育应面向全体大学生,结合专业教育,贯穿于人才培养工作的全过程,将高等学校人才培养和社会服务工作紧密地联系起来,通过一定的创新创业知识传授,着力提高学生的创新精神、创业意识和创业能力,使大学生成为高素质创新型人才,期待一部分学生将来成为自主创业者,为社会其他就业人员提供更多的就业岗位。"将培养"高素质创新型人才"作为面向全体学生的首要目标,培养"自主创业者"作为对"一部分学生"未来发展的期待,重新确立了创新创业教育价值的基础性和未来性,以及其战略目标的非功利性。与一般意义上的创业活动不同,高校创新创业教育的逻辑重点和鲜明特色在于创新人才的培养,是使受教育者具有创业意识、创业个性心理品质和创业能力,以适应社会的发展和变革,而不再以岗位职业培训为内涵,或以企业家速成为导向。这样的教育价值取向,从国家确立"创新与创业教育类人才培养模式创新试验区",高校对创新创业教育的定位中可见一斑。

高校创新创业教育的目的是培养学生的创新意识、创业能力、创造精神。专业教育的目的则是培养各级各类专业型人才，注重对学生进行专业知识的教育。创业教育以专业教育为基础，是学生所学知识在实践中的运用和检验，进而实现专业教育的社会价值。高校创新创业教育要寓于专业教育之中，人的创新性和创造性不像具体操作技能那样可习得，它需要一个在现代科学文化知识的教育和熏陶下缓慢形成的长期过程。创新创业教育必须紧紧依赖专业教育，推进高校创新创业教育与专业教育深度融合，并使其贯穿教育教学全过程。将高校创新创业教育内容和理念渗入到传统的专业教育中，强化专业教育中创新能力的培养，将有效提升教育的社会价值，促进教育效益的增长。

2. 以全覆盖、分层次和差异化为基本目标

高校创新创业教育的定位，从面向少数人培养自主创业企业家，逐步扩展为面向全体学生的素质教育，旨在培养学生的创业能力与创新意识，并将其贯穿教育教学全过程，在达到全员覆盖的基础上，实现目标的层次化和差异化。高校开展创新创业教育，学校和政府固然是希望有更多的毕业生走向自主创业，但实际上高校毕业生中，特别是刚刚毕业的大学生，选择自主创业的毕竟是少数。因此，学校根据学生的特点、兴趣和自身职业发展规划，将目标细分为两个层次：第一个层次是培养企业家，第二个层次是培养学生开创性精神和能力素质。其中，第二个层次相对第一个层次更为关键和具有普遍意义，它对于每个人都同样重要，因为社会和企业倾向于重视受雇者的创新精神、冒险精神、创业能力、独立工作能力以及其他技能。

高校在全面培养学生创新创业综合素质的同时，还应充分强调因材施教，筛选具有创业志向和潜质的潜在创业者，有针对性地开展传授创业知识和培养实践能力的扩展教育，进行潜在创业者创业孵化。通过科学测评体系选拔具有创业激情、创业愿望，具备一定创办企业基本素质的潜在创业者作为重点培养对象，通过创业项目选择和团队筹建，依托多种创业孵化平台，开展创办企业的理论知识教学和应用技能训练，使他们得到创办企业所需素质和能力的专项学习与训练，在条件具备时可以创办企业。分层次、差异化培养是实现新企业成长和发展的驱动因素。分层次进行重点培养是建立在高校创新创业教育课程理论教学与实践教学基础上的理性探索，经得起教育实践检验，符合当代经济社会发展的现实需求，符合教育发展的基本规律，也符合个人自身发展的基本规律，有助于潜在创业者自我价值的实现与升华，受到了社会与大众广泛认同。通过对潜在创业者进行管理知识和运营实践的培训，使重点培养层的学生掌握企业注册、运营管理等创办企业和发展企业所需的理论知识和实践技能。高校应以经济社会现实发展情况和未来发展趋势为出发点，不断丰富理论教学内容和实践教学内容，并结合先进教学理念、教学方法和教学手段开展教育教学活动，以符合并满足重点培养群体的创新性和时代性要求。分层次、差异化地进行分班教学，分班教学有三种不同的侧重模式：一是侧重以创业培训模式进行创业意识培养，二是侧重以专业辅修模式进行知识交叉复合，三是侧重基于专业模式的人才培养方案全面改革。各班融创业教育、专业教育、思想政治教育于一体，以理论教学和实践教学相结合

为主要教学形式，以重点培养群体为主要目标，进行创业相关知识讲授和项目实践。

3.以培养学生的理性行为能力为核心内容

教育的本质在于超越。鲁洁教授曾指出："教育作为培养人的活动，它超越的核心就是要培养出能改造现存世界的人，也即是具有实践意识和实践能力，能够超越现实世界、现实社会的人。"高校创新创业教育是教育的一个分支，教育的本质规定性对高校创新创业教育同样适用。关于"创新和创造是人的本能"这个命题，亨利·柏格森从生物学的角度进行了阐释："对于有一时的生命来说，要存在就是要变化，要变化就是要成熟，而要成熟，就是要不断地进行自我创造。"教育是人的本能，创新创造也是人的本能，不是指创新创造不需要教，而是强调"教什么"，需要充分考虑作为教育对象的大学生的需要。高校创新创业教育的核心在于培养学生理性的行动能力。创业具有实践的特点，实践层面的创业研究核心在于引导年轻人将雄心和才华化为行动而远离空想。借助理性的力量，切合实际地行动并远离空想，是高校创新创业教育给予学生的核心支撑。高校创新创业教育与创业行为之间是有时间间隔的，不是课程一结束学生就会开始创业行动，创业必须以理性的深度思考作为前提基础。

对于没有理性的人，勇敢是有害的，任何事情都需要有理性地去做。高校创新创业教育正是要教给学生"正义、勇敢、节制、担当"，所以高校创新创业教育需要理性教育，这不仅是知识的传授，更是一种行为能力的习得，因为如果不教学生学会理性面对，学生就有可能走向反面。高校创新创业教育一方面是提高学生创业能力、创新意识和创造精神，使学生在职业生涯规划的选择中有创业的选项；另一方面是帮助学生抓住创业的机会，使其在未准备充分的时候，能够埋头坚持艰苦细致的准备工作。从理性的视角来审视高校创新创业教育，在重视通识教育和专业教育的过程中，激发学生创业热情，鼓励学生创业行动，更需要教育学生学会对能力的理性评估和对机会的理性把握。创业活动是创业机会与创业能力合成的结果。高校创新创业教育给予学生的既是创新创业能力的提升，还包括对社会提供的创业机会的准确识别和精准把握，只有二者有效结合才能成就创新创业活动。大学生创新创业没有固定的时间节点，具备了创新创业能力，把握了创新创业机会，在任何时间点都可以实施创新创业行动。

这种理性判断下的有效行动，是建立在创新创业能力的充分提升和对创新创业机会的有效识别基础上的，这正是高校创新创业教育应该给予学生的，这样的理性，可培养、可习得。高校思想政治教育多年来发展的重要"瓶颈性"问题，就在于从教育内容到行动的有效落实。

（二）丰富思想政治教育内容

1.高校创新创业教育理论探讨阶段

近20年来，中国的高校创新创业教育迅速兴起并快速发展，在理论探索方面也取得了诸多进展，学科化的诉求日益强烈，在"理论、专家、团体、成果"四个方面都为走向学科化奠定了基础。坚持学科化、多样化的原则，探索在管理学、教育学一级学科下设立二级学科，成为高校思想政治教育学科精细化研究的重要方向。

基于"以创促就"的直接动因，一些学者认为高校开展创新创业教育主要作用在于缓解大学生就业，局限性地认为创新创业是权宜之计。经过几年来的探索和实践，目前人们对高校创新创业教育的认识已经超越了这种认知局限，开始从建设创新型国家、转变经济发展方式和推进高等教育改革的新高度看待高校创新创业教育的价值，认为高校创新创业教育是建设创新型大学的必由之路，是设定新一代创业遗传代码的重要途径，是推动建设国家创新体系的重要基石。目前，学术界普遍认同高校创新创业教育是适应经济社会和国家发展战略需要而产生的一种教学理念与模式，对于高校创新创业教育的基本内涵达成了初步共识。高校创新创业教育，是结合专业教育，通过知识传授与实践锻炼等手段，面向全体学生进行创新创业综合素质培养，并将其融入人才培养全过程的教育。近年来，高校创新创业教育的专家队伍和学术团体数量不断扩大，教育理论成果逐年增多。

高校创新创业教育作为新兴的研究方向，是一个新生事物，学术界在理论探索领域对其进行了各种尝试。美国是最早兴起创业教育的国家。1987年美国管理学会正式设立创业研究分部，标志着创业研究成为管理学领域的分支，其研究内容包括创业现象、创业理论、创业教育三个方面。目前，学术界就创业教育被引入管理教育的范畴还存在普遍争议：一方面对于在以职能课程为核心的内容体系基础上增加创业教育的课程，有学者认为，存在职能性课程与企业家精神课程之间的融合问题；另一方面对于设立创业教育专业，有学者认为学习企业家精神专业的学员如果不能开创新企业，就很难在企业就职。从现今中国高等院校的创新创业教育现状出发，高校创新创业教育的发展必须依托商学院和管理学院的教育力量，他们为创业教育范围的拓展提供了雄厚的师资力量和强大的专业基础。

关于在教育学一级学科下设立"创业教育学"二级学科，彭钢在其《创业教育学》中提出"创业教育是教育科学学科体系中的一门学科"，并明确指出"创业教育是一门研究创业教育现象与规律的学问"。《创业教育学》阐述了在基础教育、职业教育和继续教育三个领域中所开展的创业教育研究和实践，并没有涉及高校创业教育。研究表明，在推进创新创业理论不断建构和发展的过程中，创业教育必然要渗透到学科和专业教育中，因此，必须充分利用专业教育资源，发挥专业教育优势，将创新创业教育的目标和内容融入各个学科的人才培养体系，并使其逐步系统化。针对创业教育课程的开发，有学者做了深入探讨。席升阳着眼于构建"中国创业学"，出发点是把"创业学"作为高度综合又自成体系且相对独立的新兴学科来研究，提出了"中国创业学"的基本概念和其所包含的三大板块（创业精神、创业知识、创业实践），10门课程（创业哲学、创业心理学、创业伦理学、创业管理学、创业教育学、创业环境学、创业设计学、创业法学、创业经济学、创业实践）的学科体系。

关于在高校思想政治教育学下设立"创业教育学"的研究。学术界大多从两个方面进行了论述：一方面是思想政治教育对创业教育的价值引导，另一方面是创业教育对思想政治教育的巩固加强与拓展。有学者认为，"创业教育是思想政治教育的新领域""要从思想观念上引导创业教育向正确的轨道发展""创业教育是提高高校思想政治教育实效性的有效途径""创业教育是新时期高校思想政治教育的重要内容"，等等。这些理论观点和主张，对高校创新创业教育的发展起到了积极的推动作用。特别是 2004 年《中共中央国务院关于进一步加强和改进大学生思想政治教育的意见》颁布后，高校创新创业教育与思想政治教育得到了良好融合，在理论领域和实践领域均呈现出良好的发展势头。首先，高校创新创业教育是思想政治教育在新时期内容的拓展和载体的创新。目前，中国经济正在经历从投资拉动到创新驱动的转变，在经济发展新常态下，以创新为动力的时代特征对高校思想政治教育的理念、目标和手段提出了更高要求，在这样的时代背景下高校创新创业教育应运而生并迅猛发展，这与时代精神相吻合，与社会发展相适应，符合思想政治教育立德树人的基本指导思想，满足了国家和社会对创新人才的需求。高校创新创业教育的发展是实现高校思想政治教育个人和社会价值的需要，可以最大限度地挖掘高校思想政治教育的育人功能，注重学生能力的培养和实践教育，是高校思想政治教育具体化的新载体。其次，高校创新创业教育能有效增强思想政治教育的实效性。高校创新创业教育高度契合了大学生的自我发展需要，更加强调人的主体地位的提升，注重挖掘个人潜能，激发内在动力，鼓励个性发展，致力于培养大学生的事业心和创造力，使其成为工作岗位的创造者。高校创新创业教育将教学内容和学生现实需求有效对接，培养学生勇于创新开拓的精神，使学生能够了解社会需求、把握行业特征和职业技能要求，从而明确学习目标与学习方向，全身心投入到学习中来，更加主动地接受思想政治教育。再次，高校创新创业教育是对思想政治教育培育目标的传承和延展。高校创新创业教育传承了思想政治教育的培养目标——培养德智体美全面发展的社会主义事业的建设者和接班人，即将实现个人自由而全面的发展与满足服务国家的需要二者共生融合。同时，高校思想政治教育属于意识形态领域，而高校创新创业教育的目标不仅是培养合格建设者和可靠接班人，还要培养更具超越性、想象力、开拓力的人，突出了高校创新创业教育培养"开创型个人"的目的，超越了高校思想政治教育目标中的"合格"。高校思想政治教育是满足社会发展需要，使人才教育适应社会经济、政治、文化发展路线，高校创新创业教育是引领社会需要，使人才教育顺应社会经济、政治、文化发展方向。在内容上，二者融会贯通，高校创新创业教育进一步拓展了思想政治教育的内容，与学生自身发展和社会需求紧密结合，引导学生以积极的态度参与人才竞争，选择职业方向，增强理想信念教育的针对性，引导学生树立正确的创业观，鼓励学生大胆尝试、磨炼意志、完善心理品质，这些都是对高校思想政治教育内容的拓展。

2. 高校创新创业教育发展阶段

高校创新创业教育是思想政治教育实践探索的一种新方向。中国高校创业教育起初是在 MBA 开设的。《创业教育在中国：试点与实践》中记载："1997 年，清华大学经济管理学院最早在国内 MBA 培养计划中设立专业方向，在 MBA 项目中开设了创新与创业方向，中心的成员是创新和创业课程教员。"清华大学的经济管理学院在 MBA 项目中开设了有关创新与创业方向的课程，这标志着中国高校创业教育的开始。如果以 1997 年为起点，中国高校创业教育其发展到目前为止可以划分成三个阶段。

①以高校为起点的自发探索阶段（1997 年至 2002 年 4 月）

依据教育部高等教育司组编的《创业教育在中国：试点与实践》研究报告，1997 年至 2002 年 4 月，是中国高校创业教育的第一个阶段，在这个阶段许多高校自发地进行了有益的探索。例如，清华大学举办学生创业计划竞赛进行创业教育探讨与实践、华东师范大学尝试开设"创业教育课程"、武汉大学实施"三创"教育（创造、创新、创业教育）、北京航空航天大学科技园对学生创业给予资金支持等。《全球创业观察 2002 中国报告》能帮助人们精准了解 2002 年中国创业活动的发展状况，总体上可概括为"激发、需要和引导"三个方面的问题："首先，中国人虽然不乏创业激情，但是，除了少数成功创业者在创业过程中摸索出对创业的科学认识外，多数创业者还处在向科学认识创业活动转变的缓慢过程之中。其次，中国的创业活动缺乏理论指导。我国在创业领域的研究非常薄弱，目前尚处于起步阶段。再次，中国的创业教育没有能为创业者提供创业的基本技能和意识的训练，通过教育培训获得创业技能的途径还没有建成。"中国创业教育长期滞后于社会发展的需要，导致创业状况的基本特点是：创业机会多，创业能力弱，创业者缺乏必要的基本知识和技能，仅凭借创业激情和个人探索，用从实践中获得的经验和教训经营企业。2002 年 4 月，教育部高等教育司组织召开了普通高等学校"创业教育"的试点工作会议，会议明确指出"从现实角度讲，由于种种原因，高校毕业生的就业问题越来越突出，尤其在今后几年将更加突出。这就要求高校毕业生不只是为了就业，还要创业，创造更多的岗位使更多的人能够就业。"在国家的大力推进下，中国高校创业教育逐渐进入了由政府主导的多元探索和深入推进阶段。

②以教育行政部门为引领的多元探索阶段（2002 年 4 月到 2010 年 4 月）

2002 年 4 月，教育部在清华大学、北京航空航天大学、中国人民大学等 9 所大学开展了创业教育的试点工作，这标志着我国高校创新创业教育从自我探索阶段进入到教育行政部门引领的多元探索阶段。在试点过程中，各高校结合自身优势与特色分别进行了创业教育的实践与探索，逐步形成了三种教育模式：以人民大学为代表的，以课堂教学为主导的创新创业教育模式；以北京航空航天大学为代表的，以提高学生创业意识、创业技能为重中之重的创新创业教育模式；以上海交通大学为代表的，以创新教育为基础，为学生提供创业基地、政策支持以及指导服务等综合式扶助的创新创业教育模式。这三种教育模式在 2010 年教育部第 3 次新闻通气会上被明确称为"三种模式"。此外，会上还提出了以中南大学为代表的"三级创业教育模式"、以黑龙江大学和温州大学为代表的"创业学院模式"和以浙江大学为代表的"俱乐部模式"。这些试点和试验的成功经验，为在全国高校全面推进创新创业教育起到了重要的示范作用。截止到 2010 年，中国高校创业教育已打下坚实的基础，其总体发展状况可概括为："中国高校的创业教育已形成燎原之势，在全球创业教育中异军突起，有后来居上的可能。主要依据一是组织队伍与参加人数已为世界之最。

中国组织管理体制的优势突显出来，多方合力，上下推动，组织优势决定了我国大学生创业教育有后来居上的可能；二是创业教育已入主流，形成生动局面；三是国家布局，已形成点、线、面整体格局。"从总体而言，中国高校创业教育燎原之势确已形成，但在短期内仍不具备赶上或超过世界一流水平的可能。

高校创新创业教育在试点探索阶段，通过丰富和创新传统思想政治教育的方法载体，继承和拓展传统思想政治教育的培育目标，对传统的思想政治教育采取扬弃的态度，剔除了传统教育中只重视知识传递而忽略素质培养和现实关怀的弊端；强调采用互动式、开放式、案例式的教学方法，突出课堂的实效性和吸引力；把学生当作核心主体，尊重学生的思想、行为，发挥学生的主观能动性，激发学生的动力，教师只扮演引导者的角色给予学生必要的指导，在全新的师生关系中，高校创新创业教育一改以往单一的"填鸭式"的教学方式，日益注重激发学生的创新意识和创业热情，引导学生在学习和实践中全面提高创业素质和创业能力。

③在相关教育行政部门的指导下全面推广阶段（2010年4月至今）

2010年4月22日，教育部召开了高等学校创新创业教育和大学生自主创业工作的视频工作会议，并于5月4日颁布了《教育部关于大力推进高等学校创新创业教育和大学生自主创业工作的意见》（教办〔2010〕3号）。这是中国第一个推进创新创业教育的全局性文件。文件明确了创新创业教育需要面向全体学生，同时结合专业教育，并融入人才培养全过程的教育价值定位，而且突出了教育的政策导向，成立了"教育部高等学校创新创业教育指导委员会"，形成了"四位一体、整体推进"的工作格局。这些都是根本性的措施，因此有学者将2010年称为"中国创业教育元年"。对于2010年后的我国高校创业教育，刘延东曾在中国大学生自主创业工作经验交流会暨全球创业周峰会开幕式上的讲话中指出，现如今中国已然形成了"政府促进创业、市场驱动创业、学校助推创业、社会扶持创业、个人自主创业"的良好局面。党中央国务院高度重视，国务院和各级政府多次下发文件，支持毕业生自主创业，大学生自主创业的政策扶持体系基本建立；地方政府因地制宜，贯彻落实各项政策，各地区、各高校孵化基地广泛建立；教育系统积极推进，各地市、各高校建立创新创业指导中心，编写创业教材，开展师资培训；社会各界大力支持，各类社会机构对大学生创业的指导和服务功能进一步完善，新闻媒体对于时下的创业政策、创业资讯及创业成功典型进行广泛的宣传，在整个社会范围内积极营造鼓励和支持大学生创业的良好氛围。在创新创业的推广阶段中，高校创新创业教育形成了"生动局面"。创新创业教育是一个涉及诸多主体要素的复杂系统，需要政府的强势推动和社会、企业及高校等主体的积极参与，以实现多主体的深度融合、主动促进、合力开展。

高校创新创业教育的推广阶段，极大地丰富了思想政治教育实践内容。高校思想政治教育具有很强的应用性，它以实践为根基，在实践中诞生，在实践中发展。高校创新创业教育更加突出强调理论与实践的联系和互动，通过大学生创业园区、大学生创业孵化基地、创新创业大赛等方式方法，构建"实践导向"的参与体验平台，使学生能将课堂上学到的理论付诸实践，实现从理论知识到实践能力的跨越式发展。实践的内容不只是社会实践，还包括专业实践和生活实践；实践的空间不只局限于校园内部，还包括社区和企业。高校创新创业教育将理论和实践深度结合起来，为学生搭建"参与—体验—实践"于一体的教育平台，使学生成长为全面而自由发展的创新型人才。

三、提高高校思想政治教育的实践效益

（一）有助于充实高校思想政治教育的实践内容

1. 塑造健全人格

高校创新创业教育注重创新教学理念，相较于传授书本知识，更强调实践活动中学生主体的成长与体悟。参与创新创业实践活动，不仅能帮助学生形成科学的择业观、就业观，更能够弥补传统教育中对于综合素质和主体精神的忽视，培养具有健全人格的高素质人才。高校创新创业教育，从广义上来说是培养具有开创性品质的个人，这对于拿薪水的人来说也同样重要，因为用人机构或个人除了要求受雇者在事业上有所成就外，也越来越重视受雇者的首创精神、冒险精神、创业能力、独立工作能力以及技术、社交和管理技能。高校创新创业教育更加贴近大学生个人发展诉求，有助于健全主体人格，培养受教育者的创造性和批判精神。

高校创新创业教育有利于主体性和独立精神的培育。主体性更加符合时代特点，主体性能够帮助克服国人身上独立精神和自我意识不足的人格缺陷。陈独秀在《敬告青年》中这样表述："我有手足，自谋温饱；我有口舌，自陈好恶；我有心思，自崇所信；绝不认他人之越俎，亦不应主我而奴他人；盖自认为独立自主之人格以上，一切操行，一切权利，一切信仰，唯有听命各自固有之智能，断无盲从隶属他人之理。"高校创新创业教育充分强调主观能动性，使学生能科学评判自身发展的优势和不足，以及外界环境的机遇与挑战，从而理性地进行人生规划，有效把握发展机遇，稳步实现目标理想。在中国，主体性长期受到压制，改变尤为迫切。强烈的自主精神能使人充分认识自我存在，从而更加积极主动地投身于事业和生活，更富有事业心。有了主体性意识和独立精神，就不会人云亦云，盲目认同，这是具有主体精神和批判精神的独立人格得以存在的前提。

高校创新创业教育有利于冒险精神和创新精神的培育。在充满竞争的时代，每个人都希望开创自己的事业，希望创新，希望成功，既然要突破原有的框架束缚，就要有冒险精神和创新意识。高校创新创业教育正是对冒险精神的培育，创业活动具有一定的容错性，以此砥砺人生、磨炼意志，培养勇于开拓的精神。美国教育家约翰·杜威从人性的角度指出"最广义的教育"就是"怎样能有效地改变人性"，也就是培养具有健全人格的人。学校教育不仅在于知识的传授，其根本目标是培养和谐的人，而不是培养专家。只用专业知识教育人是不够的，通过专业教育，学生可以成为一种有用的机器，但不能成为和谐发展的人。只有人格高尚的人才是对社会有用的人，由人格高尚的人组成的社会才可能是和谐的社会。

高校创新创业教育是从社会经济发展和推动就业的角度，从关系中国现代化事业成败的高度来认识教育的重要性的，旨在通过教育培养一批人格健全、知识完备、素质全面的大学生，在全社会范围内弘扬一种独立自主、敢于冒险、宽容失败、创新发展的文化精神。

2. 强化团队意识

团队精神的培养是推进高校创新创业教育的重要着力点。优秀的团队所具备的共同的价值目标、先进的合作理念、强烈的团队意识和高效的资源整合是推动创业成功的必要保障。团队精神是创新创业人才的核心素质，也是高校对于培养社会主义合格建设者和可靠接班人的必然要求。因此，培养蕴含着大局意识、协作精神和服务精神等优秀精神品质的团队精神，成为培养创新创业人才至关重要的内容。

高校创新创业教育重视学生的主体地位和个体差异，紧密结合实际，有目的、有步骤、分层次地推进团队精神培养。对于全体学生，高校创新创业教育通过开设公共基础课，培养学生的团队意识，使其深刻认识和理解团队精神对集体、对个人发展的重要意义，自觉培养团队意识；对于具有创新创业意愿的大学生，通过实践课程，在亲历特定模拟场景下，使学生切身感受到团队精神在战胜挫折、克服困难方面的强大力量；对于已经具备一定创业条件的团队，为其长足发展搭建平台，将其项目引进创新创业园或实践基地，使其在指导教师有针对性的帮助下，整合资源，培养团队协同意识，共同应对市场竞争中的各种风险。

高校创新创业教育从理论和实践两个层面深化了团队精神培养。创新创业的团队理论体现在高校创新创业教育的全过程。在创新创业中团队的建立基于两个因素：多人的聚集可以有效弥补个体能力的不足，提高成功率；满足具有相同兴趣爱好的人之间沟通和交流的需要，为追求共同的目标而努力。实践性是高校创新创业教育突出的特点，团队精神的培养正是依托高校创新创业教育实践活动而进行的。高校创新创业教育以创新创业项目为抓手，通过组建创新创业团队，在项目筛选、包装、孵化等方面对学生进行指导，鼓励具有相同目标追求的学生联合起来，集思广益，提高项目科技含量，进而孵化培育，发挥辐射带动效应。高校创新创业教育能够引导大学生在与他人的创业合作中培育团队精神，是高校思想政治教育的有效补充。

3. 增强责任意识

高校创新创业教育非常重要的内容就是对创新创业品质的教育，其中涵盖了社会主义核心价值观中对社会责任意识的培育。在高校创新创业教育中，应注意提升学生社会责任意识，提高学生综合素养，增强学生承担社会责任的能力，使其为社会进步发展作出更大的贡献。

创新创业是大学生社会责任担当的体现。在未来社会，毕业生不只是求职者，更是工作岗位的创造者。大学生除了具备个人发展的就业能力，可以在本职岗位上为社会作出应有的贡献外，还应该为劳动力市场提供更多的职位，承担更多的社会责任，激活更多的社会生产力。大学生创新创业除了使学生得到全方面锻炼和成长，促进就业外，还能有效推动经济社会的平稳发展，为建设创新型国家注入新鲜活力。高校创新创业教育是对传统人才质量观的一种发展和超越，它可以促进高校为国家培养更加符合当今时代发展需要的人才力量，帮助大学生实现个人价值和社会价值的有机融合。高校创新创业教育注重社会责任意识的多维度培养。在教育理念方面，摒弃了传统的灌输式教学手段，关注大学生的心愿和诉求，从关心学生成长成才的实际出发，以喜闻乐见的形式激发学生的社会责任意识；在教育方法方面，除了课堂主渠道外，更强调通过实践锻炼渠道，让学生认识到承担社会责任与实现个人价值的关系，并内化于心。结合显性教育与隐性教育，可以显著提升高校创新创业教育对于学生社会责任意识培养的成效。

高校创新创业教育有利于提升社会责任意识的感染力。在社会主义核心价值观指导下，高校创新创业教育虚实结合，既有知识灌输，又有实践锻炼，因而有利于全面提升大学生社会责任意识；高校创新创业教育能够帮助大学生创业者提高认知，充分理解实现自身价值与承担社会责任的关系，使其勇于奉献青春、回馈社会；高校创新创业教育能够调动学生情感，使其实现自我激励，坚定理想信念，在理想信念的支持下，感恩国家政策和社会帮助，让大学生在个人探索成功的道路上提升社会责任意识。

（二）有助于创新高校思想政治教育的实践载体

1.创新高校思想政治教育的课程载体

高校思想政治教育在课程载体上力求创新，以高校创新创业教育创新高校思政政治教育课程载体可通过准确进行理念定位、明晰模块角色、拓展实践内涵等具体路径来加以实现。

首先，高校创新创业教育在目标层面，要准确进行理念定位，彰显时代价值。理念的支撑是课程体系构建的前提条件，国外创新创业教育经过多年发展，各高校的教学理念明确、清晰。百森商学院着眼于培育学生的创业精神，哈佛大学更重视学生创业管理经验的传授和积累，斯坦福大学的目标是培育优秀企业主。它们的目标定位是根据自身条件和发展特色而确立的，例如斯坦福大学毗邻硅谷，得天独厚的地理位置和竞争优势决定了它的创业教育是以培育优秀的企业主为主要目标，其教育理念与当地的经济发展与当时的时代需求相呼应，与原有的商学院学科相互融合、彼此互补，完善的课程指导使学生们能够将创业设计转变为完整的企业创业运营方案，对当地的经济发展和创业风气的营造起到了重要作用。我国在创新创业教育课程体系的构建上，也必须立足于我国的国情和各高校的基础特色，更要考虑学生的基础层次和优势特长、各高校的地域分布和外部环境，不可随波逐流，更不能简单地生搬硬套其他高校的课程体系。

其次，高校创新创业教育要明晰模块角色，不断融合教育平台。高校创新创业教育通过将各个模块按照体系走向排列，可以进一步明确模块的具体问题，把握其在体系中的核心功能。每个模块不能只具备培养单一技能的功能，应强调综合性与多效性。在高校创新创业教育的课程载体中，主要考虑的是创业知识内化速度的科学逻辑问题，以及如何将其以聚焦、辐射、螺旋上升等模式体现出来。课程是知识体系构建的支撑环节，通过课程间的组合与渗透，可以增强联系的紧密性，打造核心竞争力。

最后，拓展高校创新创业教育的实践内涵，增强课程体验。高校创新创业教育课程体系是一个有机整体，所有课程都尽量规避传统的填鸭式教学方法，更多地采用体验式教学，使学生尽可能亲身经历，注重查看、感受、验证和考察。体验式课程内容丰富、形式多样，具体包括素质拓展、项目设计、机会识别、企业模拟、创业实训、情感体验等。高校创新创业教育体验式课程的教学方式，更加贴近学生学习生活，能够使学生更好地自我领悟知识和高效灵活地运用知识，并将其逐渐内化为一种生活态度和方式。综上，在创新创业课程体系逐渐完善的情境下，以高校创新创业教育创新思想政治教育载体，可以带动高校整体课程的改革创新，为高等教育的综合改革打开新通道。

2. 创新高校思想政治教育的文化载体

以高校创新创业教育创新高校思想政治教育文化载体的具体路径如下：

首先，挖掘校园文化中的创新创业核心内容。丰富多彩的创新创业文化，能够集中体现师生的创新创业思想状态、价值追求和行动准则。高校应着力打造精品创业文化活动，以加强校园文化整体建设。以创业社团为载体，通过参与社团活动来锻炼学生创新创业能力。创业社团在学校相关管理部门组建下，植根学生、服务学生，通过组织活动，开展文化交流，着力提升大学生的思想观念、道德修养、社会知识、精神气质和审美情趣，推动创业文化建设。大学生的优势在于丰富的想象力和创造力，但经验和阅历略显单薄。创业社团通过聘请校内外具有成功创业经历和丰富创业经验的专家、导师，以创业文化讲坛、校友报告会、知识沙龙等形式，帮助社团成员树立创新创业意识、了解形势政策、激发实践兴趣、培养创新意识。创业社团具有包容性和多元化的特点，其成员来自不同年级、不同专业，但同样具有创新思维和创业意向，成员们在不断交流碰撞中，激发创业灵感，拓宽创业视野，促进创业合作。

其次，以创业项目为依托，通过校内外各级各类创业大赛，调动广大师生参与到创业项目的实践中。创业项目的团队要兼具专业性和包容性，吸纳各个年级、各个专业的同学，使各具特长的同学都能发挥优势，从项目立项申报、论证修改、实际运行到完成结题，在参与每一个环节的过程中，发现自身价值，体验创业经历，积累创业经验，认识创业文化，激发创业热情。学生在参与创业项目的过程中，将创新创业知识与专业知识相结合，实现从理论到实践的转化，使自己体验创业文化，感悟创业价值。创业项目和创业实践可以帮助学生实现创业梦想，锻炼其创业思维能力，极大地丰富高校校园文化内容，增强学生对校园文化的价值认同。与此同时，高校可以通过创业项目孵化基地、"众创空间"等平台，广泛开展校企合作，推动校园创业文化建设。

最后，构建以创新创业为核心内容的激励制度，推动创业文化建设。在日常管理和教育制度中渗透创业文化内涵，突出顶层设计的作用，树立文化精品意识，注重品牌文化建设。创建地域性品牌文化，使校园创业文化与地域品牌文化对接融合，培养学生的人文气质和审美意趣，使学生培养更加综合全面；打造创业团队品牌文化，特别是发挥创新创业类社团在学生群体内部的创造性和影响力，开展丰富多彩的创业文化建设活动。高校创新创业教育能够引导大学生在创业文化建设中锻炼自己、辐射他人，是高校思想政治教育的有效补充。

3. 创新高校思想政治教育的大众传播载体

创新高校思想政治教育的传播媒介，可通过构建多层次校园创业文化宣传体系来加以实现。

首先，发挥传统媒介优势，加强创业文化政策引导。传统媒介优势在于具有强大的公信力，其对高校创新创业教育的政策导向作用不可或缺。高校应充分利用校园电视台、校园广播、校园报刊等传统媒体，对国家和地方的创新创业政策广泛地进行政策宣传和解读，掌握舆论主动权；高校创新创业教育应充分利用传统媒体传播内容的品质优势，挖掘身边创业典型，传播最新创业时讯，营造蓬勃的创新创业文化氛围。

其次，利用新媒体推动校园创业文化互动传播。高校大学生是与新媒体传播手段联系最为紧密的群体，普遍活跃于微信、微博、QQ等互动交流平台，而新媒体平台的交互性传播具有巨大优势，可为高校的创新创业教育宣传提供支持。新媒体时代给予了每个人参与信息发布、传播、接收和处理的机会，人们可以经过主观判断后对信息进行反馈、评论、分享和传递，整个过程可以是双向的甚至可以是多向的。面向大学生的高校创新创业教育，要充分利用新媒体技术速度快、传播广、易接受的平台优势，实现信息交互和资源共享。开辟校园创新创业教育网络平台，以高校网络为主阵地建立创新创业专栏，及时转载国家与地方最新创业政策资讯，报道校园内或其他院校师生的成功创业案例，分享创业知识资料，加强创业文化建设，占领舆论高地，丰富和补充校园文化；开发创新创业公众平台、互动APP等，搭建创业心得、创业经历交流平台，使创业者们互相借鉴成功经验，分享创业喜悦，使之成为高校思想政治教育传播载体的有效补充；校园负责创业指导的部门和教授创业课程的高校老师应拓宽教学载体，利用新媒体教育平台，开发网络课程；校园创业指导部门开辟网络互动服务版块，针对学生实际创业过程中遇到的问题，在线答疑或提供帮助，调动学生的创业积极性，营造万众创业的良好氛围；高校创业社团和参与创业项目的学生将身边的创业故事拍摄成创业微电影、宣传片等，用身边成功创业事例影响和带动更多人参与创业实践。

（三）有助于创新高校思想政治教育的实践方法

1. 人文关怀与知识传授相结合的方法

高校思想政治教育面向的是大学生群体，要培养好大学生的道德观念、政治意识和思想品质，就必须要有深刻的人文关怀。面对当前巨大的就业压力，许多大学生陷入迷茫或逃避退缩，高校要承担的不仅是知识的传授和能力的培养，更要以人文关怀对其进行价值观的正确引导，帮助大学生客观分析优势和不足，建立起对自己的信心和对生活的希望。高校思想政治教育经过多年的发展，已积累了丰富的经验，取得了令人瞩目的成绩。但随着时代的发展，也必须要更新教育手段，丰富教学内容。大学生作为接受教育的主体，具有很强的自主意识和思考能力，高校思想政治教育要立足于大学生的真实思想和实际行动，平衡满足学生的物质需求和精神需求，体现人文关怀。但就目前的教育实践情况来看，高校思想政治教育往往急于追求教育效果，夸大人的主观意志作用，没能达到高校思想政治教育人文关怀的要求。传统的高校思想政治教育更加注重大学生思想观念、学习态度的形成，而忽视人的全面需求，特别是自我实现的需求，没有达到以人为本的人文关怀。在教育方法上也过于简单，就是简单的灌输式教育，在战争年代，这样的方式可以团结思想、凝聚战斗力，但在今天已经不适合时代的要求，容易受到受教育者的排斥。当前高校思想政治教育中存在的诸多问题，有历史遗留原因、教育者自身原因也有社会环境等原因，其中片面强调高校思想政治教育的引导作用和效果，而忽略了过程中的人文关怀，已经在一定程度上限制了高校思想政治教育的发展。

高校创新创业教育实现了高等教育知识传授和人文关怀的统一。经济建设和社会发展对于创新型人才的培养提出了更高要求，而传统的培养目标只注重对学生专业技能的知识体系构建，忽视了通识知识的传授和人文素养的培育，不符合新形势下对人才素质发展的要求。高校创新创业教育确立了人文关怀意识的培养理念，符合教育的人本原则，注重在教育过程中因材施教，改变原来在统一模式下学生培养缺乏个性和创造力的情况，故而高校创新创业教育是对原有教育模式的补充和延展，更利于培养专业素养、道德品质、思想观念、能力素质等全面发展的学生。利用现代化的教育方法借助新媒体的手段表现教育内容，使学生得到更加生动直观的体验，促进了大学生人文关怀意识的养成。高校创新创业教育丰富了人文关怀意识的培养方法，开设了人文关怀与知识传授相结合的培养课程。传统的教育主要采取"老师传授、学生接收"的教学方式，学生作为学习主体反而处于一种被动地位，尽管在知识教育、道德教育和技能教育方面也取得了一定的教育成效，但学生对于知识的吸收和内化效率并不理想。高校创新创业教育拓宽了教学思路，采用包容性、交互性更强的课程模式，以人为本，教学内容更加贴近社会生活的实际，与专业课程、通识课程同步推进，使学生易于理解和接受，从而完善了高等教育体系。高校创新创业教育的教学过程充分尊重学生的主体意志，在理论和实践教学环节起到了引导作用，有利于人文关怀意识和知识传授的双向推进。

2. 实践导向与问题中心相结合的方法

高校创新创业教育作为一种教育理念，强调实践先行，注重解决实际问题，着眼于个体体验对于意识和能力培养的突出作用；作为一种教育模式，改变了以课堂授课为中心的教学方式，建立起以活动课程和项目课程为中心的体验式教学。高校创新创业教育拓展了原有高校思想政治教育的"实践"模式，更多地融入专业实践和生活实践，从校园内部到社区和企业实践的空间不断拓展。高校创新创业教育以"实践为导向"，培养理念和模式其目标就是通过实践活动，使学生有机会直观地运用和体会所学知识，主动完成知识体系的架构，使理论知识与实践知识、公共知识与个人知识、概念知识与经验知识相结合，以

"做"为中心在学生认知结构中形成有机组织，使学生具备灵活适应新情境的能力。

在不断的实践中发现问题，带着问题再到实践中寻找答案，可以促进学生能力的提升。鲁洁教授认为："实践发挥着转换器的作用，是主观世界和客观世界的转换器，所实现的是两种转换：一方面，客观世界通过实践转换为主观世界，实现主观世界与客观世界之间的同化，在改造主观世界的实践中，每个个体通过与一定历史时代的人所创造的人化世界交互作用而获得相应的规定，获得人类社会共有的智慧；而另一方面，实践按其本性而言主要实现的是另一种转换，就是将人的理想存在转换为现实存在。"高校创新创业教育面向全体学生，通过正确处理讲授教学和实践教学的关系，对现有教学方式进行了革命性变革。知识是不能脱离产生过程的，学习知识的意义在于应用。知识传授存在诸多问题，以"问题为中心"的教育思路，明确提出人本主义教育的起点不是学生要学习哪些知识，而是遇到和解决哪些问题。问题解决成为教育哲学的第一概念。"以问题为中心"将知识、能力、态度等教育内容融为一体，不存在三者孰轻孰重。学生从解决问题出发进行知识探求和索取，而非沿着既有学科知识体系的轨迹被动接受和获得。这也为学生的个性发展提供了广泛的可能性，有助于整合和利用一切可以利用的教育资源。正如彭钢在《创业教育学》中所指出的，"在创业实践活动中发生的学习过程，是以解决实践中出现的问题和矛盾为中心的学习，形成了不断解决各种实践问题的学习——探究序列；是在实践活动中边干边学、学做结合、以学促做，灵活运用各类知识于新情境，并努力探索新知识的所有学习行为的有机组合""在这里，学习过程和实践过程高度统一、紧密结合，常常很难分清什么是学习，什么是实践；什么时候学习，什么时候实践"。

3. 全面体验与理论灌输相结合的方法

从教育方法上看，高校创新创业教育吸纳了传统高校思想政治教育灌输式的教育方法，但又全面超越了灌输为主的方式，更加注重能力培养，突出以体验式教育来实现自己的教育目标。教育方法是由教育内容决定的，应该体现二者的一致性。高校创新创业教育不适用灌输式教育，而是要学生亲身实践体悟。灌输式教育是一个存放行为，学生是仓库，教师是存放人，教育中没有交流。教师的工作只是关注正式教材并实施存放，学生的学习是容纳、接受、记忆和重复。体验式教育弥补了灌输式教育的不足，体现了对人的尊重，强调人和事实直接接触的重要性、认识与行为的不可分割，保障了学生经历真实生活，以及通过学习获得知识、提高能力的权利。正如阿弗烈·诺斯·怀特海所说："对事物在其实际环境中的具体达成状态的直接认识是没有任何东西可以代替的。我们需要把它有价值的地方显示出来。"传统的高校思想政治教育灌输式的方式，仍有其重要作用，但不可孤立静止地存在，否则将束缚人的发展，全面体验和灌输相结合的方式，更利于学生接受价值观念、道德规范、审美意识、思维模式和知识技术。以全面体验和理论灌输相结合的恰当方法创造精神力量，培养能动的、非顺从、非保守的创新型人才，这是高校创新创业教育和高校思想政治教育所共同需要的。

第四章 高校思想政治教育与创新创业教育融合的基础

第一节 高校思想政治教育与创新创业教育融合的内涵与意义

一、高校思想政治教育与创新创业教育融合的内涵

"融合"在物理意义上指的是两个或多个不同的物质熔成或如熔化那样融为一体，在心理意义上指不同个体或不同群体在一定的碰撞或接触之后，认知、情感或态度倾向融为一体。高校思想政治教育与创新创业教育的融合，指的是高校充分发挥思想政治教育的功能，在开展创新创业教育的过程中引领大学生的思想观念，帮助其树立正确的价值观和人生态度，增强其创业信心和创新创业能力，提高其思想道德修养以及坚定其意志信念，从而提高学生的综合素质，促进学生全面发展，实现教育的社会功能与个体功能的统一。高校创新创业教育可以作为思想政治教育的新载体，将创新创业教育元素融入高校思想政治教育工作中，在教学内容中融合，在学生工作中融合，在教学管理中融合，在校园文化活动中融合，使高校思想政治教育贴近学生的现实生活、现实需要，创新和完善高校思想政治教育，从而调动起学生参与思想政治教育的积极性，增强思想政治教育的实效性。

高校思想政治教育与创新创业教育相融合其内涵可以从教育目标、教学内容以及教学实践三个层面来具体阐述。

（一）教育目标上具有一致性

高校思想政治教育的教育目标是通过教育活动使受教育者的思想政治品德符合社会和个人发展的需求。高校创新创业教育的教育目标则是在创新创业理念的指导下，针对学生不同的专业、特长以及个性，在具体实践中进行教学，促进大学生全面发展。这两类课程的教学目标都是以大学生的素质教育为核心，并以各自不同的教育方式和手段，培养大学生的思想道德品质以及个人综合素质，最终使大学生成为能够满足社会发展需要的高素质

创新型人才。

将二者进行有机融合具有天然的应然性和优势。虽然这两类课程在理论内涵、教学内容上都存在差异，但其主旨和最终教学目标都是为了培养中国特色社会主义事业的优秀建设者和接班人。

（二）教学内容上具有互补性

现阶段我国高校在开展创新创业教育的过程中存在一个非常常见的误区，即教师在进行创新创业教育的过程中，将教学的重点放在培训学生创新创业技能方面，而忽视了对学生综合素质的培育，从而导致部分大学生出现政治觉悟、思想品德、理想信念以及思维表达方面缺失的现象。与此同时，现阶段高校思想政治教育依然是以理论教学为主，侧重于受教者思想层面的构建，与现实实际存在一定的距离，学生在学习过程中的切身感受不强，很难充分理解教学内容。高校思想政治教育与创新创业教育的融合，可以帮助大学生在满足个体发展和满足国家、社会需求之间找到一个平衡点，转变其传统的就业、创业观念，促使其探寻适合自己的、可持续的职业生涯发展路径。

（三）教学实践中具有统一性

实践教学是高校实现培养高素质创新型人才目标的重要手段，它对提高大学生个人综合素质，培养大学生创新人格以及创新创业能力，使学生成为一名复合型人才有着至关重要的作用。高校思想政治教育一直以来都是"实践—认识—再实践—再认识"这样一个不断发展的过程。在这个过程中，随着社会意识形态的不断演变和发展，高校思想政治教育的教学方式也逐渐形成并随社会的发展而不断发展。实践教学是高校开展思想政治教育的有力抓手，是大学生运用所学知识，施展才华、实践成才的最佳课堂。在开展高校创新创业教育的过程中，要不断针对新出现的问题去解决问题，这正是将高校思想政治教育应用于具体实践的体现。只有进行具体的实践和操作，才能有效地帮助大学生养成职业素养和转化思想观念。这一共性使得二者可以在具体实践中实现相互融合与转化，使得大学生能够养成符合社会发展要求的思想道德修养和职业素养。

二、高校思想政治教育与创新创业教育融合的意义

（一）有利于贯彻落实"课程思政"建设

"课堂思政"是一种以构建全员、全程、全方位的育人格局为形式，将各类课程与思想政治理论课同向同行，形成协同效应，把"立德树人"作为教育的根本任务的综合教育理念。高校应将包括通识课、专业课在内的各门课程与思想政治教育相融合，深入挖掘每门课程中的思想政治教育资源。

创新创业教育课程是高校课程体系中的重要组成部分，对高校创新型人才的培育发挥着重要作用。目前，高校创新创业教育开展得如火如荼，其所开设的课程包含着大量的思

想政治教育资源，与思想政治教育形成了有机融合。高校应把对学生综合素质的培育作为创新创业教育课程的核心内容与前提，使学生"既修德，也修才"。高校思想政治教育与创新创业教育的融合，是高校贯彻落实"课程思政"、树立"立德树人"的教育理念，以及深化教育教学改革的重要举措。

（二）有利于增强高校思想政治教育的针对性和实效性

目前，绝大部分高校所开展的思想政治教育仍处于一种"陈旧"状态，表现为内容枯燥、形式僵化以及与当代大学生的现实需求存在较大程度上的脱节。高校创新创业教育的出现能够较好地缓解这一"症状"。我国高校开展的创新创业教育一直受到广大学生的欢迎，学生的参与热情普遍较高，"互联网+""挑战杯"等大学生创新创业竞赛活动吸引了众多学生参与其中。高校通过创新创业教育这个实践平台，可以更好地实现教育的社会功能与个体功能的统一。创新创业教育作为新时期高校思想政治教育的载体，有效地增强了高校思想政治教育的实效性。

理论教育与实践教育相结合是高校开展思想政治教育的原则之一。实践作为高校思想政治教育中的重要一环，能够帮助大学生了解社会，培养毅力，增长才干以及增强自身的社会责任感。高校可以以创新创业教育作为实践主题开展各类实践活动，带领广大学生深入了解社会和融入社会。还可以依托大学生创新创业教育平台，展开创业模拟等实践活动，使大学生内化所学知识，提高自身解决实际问题的能力。将创新创业教育融入高校思想政治教育，可以使思想政治教育内容贴近大学生现实生活和实际需要，从而增强高校思想政治教育的针对性与实效性。

（三）有利于提升高校创新创业教育的实效性

高校思想政治教育在我国已经建立了一套完整的、行之有效的教育体系，有着丰富的教学经验，能够为高校创新型人才的培育提供理论支撑。首先，创新思维的培育是创新创业教育的重中之重，而高校思想政治理论课"马克思主义基本原理"中的辩证唯物主义思想能够极大地培养大学生严密的逻辑思维能力以及创新思维能力。其次，高校开展创新创业教育也离不开对基本法律知识的学习。大学生通过"思想道德修养与法律基础"课程学习能够对基本的法律常识有所掌握，基本的法律法规知识对于即将步入社会的大学生创业者来说必不可少。同时，该门课还能够规范大学生的行为，提高大学生的思想道德修养，为大学生成长为具有良好商业道德的创业者保驾护航。最后，高校思想政治教育对高校开展创新创业实践活动具有理论指导作用，高校思想政治教育能够以科学的思维方式指导学生进行创新创业实践，从根本上提高高校大学生创新创业教育的实效性。

（四）有利于提高大学生的综合素质

高校思想政治教育实质上是一个完善人格的综合实践性教育过程，它能够促进人的自由全面发展。将其育人功能应用于高校创新型人才培养，能够提高大学生的综合素质，促进大学生的全面发展。具体体现在以下三个方面：第一，高校开展的创新创业教育，不仅重视专业知识的传授，也同样重视人格品质的培育。通过对大学生人格品质的培育，能够培养大学生开拓创新的创业精神、科学果决的思维方式、不畏挫折的坚强品质以及诚实守信的道德操守等。第二，将高校思想政治教育融入创新创业教育可以使学生充分了解现阶段我国创新创业的大环境以及相关的基本法律法规，提高大学生的法律意识。第三，将高校思想政治教育融入创新创业教育对于培养大学生创业心理素质至关重要。当前市场竞争日趋激烈，作为刚毕业甚至还没有毕业的大学生创业者，初涉足社会，其阅历浅、经验不足等短板暴露无遗。面对接踵而至的困难，大学生创业者可能会因为穷于应对而产生挫败感进而影响其之后的创业生涯；也有可能因为恐惧失败，一时举棋不定难以抉择而导致错失良机。将高校思想政治教育与创新创业教育相融合，利用思想政治教育的方式方法对大学生进行心理上的疏导，可以培养大学生独立思考、科学判断、果断决策的思维与魄力，使大学生创业者在初入社会时就能够站稳脚跟，有信心、有能力克服重重困难，打拼出属于自己的创业天地。

第二节　高校思想政治教育与创新创业教育融合的必要性与可行性

高校思想政治教育与创新创业教育有其融合的必要性和可行性，二者在目标、手段、内涵和发展前景等方面可以达到高度的一致性。一方面，以马克思主义为指导的高校思想政治教育可以为创新创业教育的顺利开展提供价值导向；另一方面，高校创新创业教育为思想政治教育注入了新的血液，丰富了其研究内容和应用理论，拓宽了其内涵和外延，进而有利于其学科体系的完善。但是二者在各自领域内的发展尚有很大的限制：高校创新创业教育学科目前存在着学科概念含糊不清、具体内容与学科体系不够健全、目标定位不够清晰、教师队伍层次与资质不够优秀等问题，阻碍了学科的进一步发展；高校思想政治教育也面临着学科基础薄弱、教育内容和模式传统老化、理论与实际严重脱离、学生不重视的严峻问题。从现实发展状况来看，二者任何一方的单独发展都会存在问题，因此，推进二者的相互融合，共同促进，协同发展是有必要的，也是可行的。

一、高校思想政治教育与创新创业教育融合的必要性

高校思想政治教育与创新创业教育在本质上有着不可分割的联系，这就为二者的融合提供了前提。高校思想政治教育是创新创业教育开展过程中的重要一环，而创新创业教育又为思想政治教育的完善提供了新的视角，在高校教育中二者的融合具有实施的必要性。

首先，高校思想政治教育是创新创业教育开展过程中的重要一环。思想政治教育一直

是高校教育体系的重点，是为国家和社会培养人才的重要途径。高校思想政治教育的地位可谓举足轻重，它承担着保障学生健康心理，唤醒学生精气神的重要责任。如何进一步做好高校思想政治教育，可以说是一座很难跨越的大山，需要高校政治教育工作者付出很大的努力，也因此受到了国家和高校的高度重视。然而，摆在我国高校创新创业教育面前的是起步晚，学生的理论水平和实践能力差距悬殊、创新创业意识不强、学习被动，学校的学科体系不够健全，教师不够专业的实际现状，特殊的发展现状需要思想政治教育的积极介入，需要经验丰富的思想政治教育教师来开拓大学生积极进取、勇于创新的精神。因此，高校创新创业教育需要思想政治教育的积极引导。

其次，高校创新创业教育又为思想政治教育的完善提供了新的视角。2014 年 9 月，李克强总理在夏季达沃斯论坛上明确提出"大众创业、万众创新"的口号，国内瞬时掀起了一股"人人要创业，人人要创新"的新潮流，极大地激发了全民族的创新创业精神。创新创业成为新常态下拉动经济增长的新引擎，有利于实现产业优化升级，促进经济提质增效。社会主义市场经济的快速发展和高校教育改革的推动，也使得思想政治教育的传播方式发生了深刻而复杂的变化。传统的仅依靠理论传播的教育弊端日益凸显，而高校创新创业教育的特点正是实践性强、实用性高，二者的融合有助于拓宽思想政治教育的内容，转变传统的思想政治教育方式，提高思想政治教育的实效性。

二、高校思想政治教育与创新创业教育融合的可行性

首先，高校为思想政治教育与创新创业教育的融合提供了现实环境基础。各高校已经积累了较为丰富的教学经验，教育体系也相对完整，这些都为开展创新创业教育提供了宝贵的经验和资源，间接地为二者的融合提供了现实支撑。

其次，国外高校思想政治教育与创新创业教育相融合的成功案例给我们提供了宝贵的借鉴。美国奉行自由、拼搏的奋斗精神，美国当代大学生崇尚自主创新。在日本，高校中奉行的团队精神、奉献精神，也是其思想文化教育的灵魂，也正因为这种文化理念的教育传播，使其培养出了大量的高层次文化人才，极大地促进了日本经济的发展。从这些国家的教育理念可以看出，高校创新创业思想文化教育先进是高校创新创业活动开展的根本保证。我国高校应大胆借鉴西方积极的精神文化，鼓励创新思维，解放创业思想。

再次，国家、政府近些年来出台的一系列方针政策为高校思想政治教育与创新创业教育的融合提供了方向引领和有力保障。国务院出台的《国务院关于做好促进就业工作的通知》（国发〔2008〕5 号），国务院办公厅转发人力资源社会保障部等部门的《关于促进以创业带动就业工作的指导意见》（国办发〔2008〕111 号），国务院办公厅印发的《关于深化高等学校创新创业教育改革的实施意见》（国办发〔2015〕36 号）等鼓励、推动大学生创新创业的重要文件，为高校做好思想政治与创新创业的教育工作提供了有力支持。

最后，高校促进思想政治教育与创新创业教育二者融合具有重要的现实意义。一方面，

大学生创新创业能力的培养需要思想政治教育的价值引导。另一方面，创新创业教育又能够在创业活动进行中检验思想政治教育，甚至对其进行加强、巩固。高校教育中二者的融合，不仅可以通过创新创业实践充分地激发出大学生的主动性，把思想政治的理论精髓转化为大学生创新创业的综合能力和素质，提升其理论认识水平；还可以针对当前严峻的就业状况激发出大学生的创新创业精神，培养其创新思维，锻炼其创业能力，使其成长为对国家、对社会有用的人。

第三节　高校思想政治教育与创新创业教育融合中存在的问题及原因分析

一、高校思想政治教育与创新创业教育融合发展所面临的困境

高校思想政治教育与创新创业教育融合发展在教学实践中已初具成效，但是依然存在一些问题。只有发现问题、直面问题才能最终解决问题，要有强烈的问题意识。

（一）高校思想政治教育与创新创业教育融合度不高

目前，我国创新创业教育与思想政治教育的融合发展还处在初级阶段，有一部分人甚至认为，创新创业教育就是为了迎合各种比赛，以在比赛中获奖为最终目的的，故而在教育过程中刻意营造一种"商业模式"，却忽略了高校创新创业教育是以增强学生的实践能力、综合能力，培养学生的创新意识、团队意识为出发点和落脚点的，这使得二者在融合发展的过程中出现了"两张皮"现象。目前，高校中的部分学生在巨大的就业压力下迫切想要创新创业，但是在创业路上遇到挫折后，创业的想法就会发生动摇进而萌生退意甚至想要放弃，在创业过程中缩手缩脚、瞻前顾后，缺乏敢闯新路、敢于拼搏的勇气与魄力，缺乏直面难题、解决困境的信心与耐心。学生会有这样的心理状态，一方面是受到自身性格与客观环境的影响，另一方面也与当前高校创新创业教育中思想政治教育渗透力度不够，以及没有充分发挥出思想政治教育在培养创业品质、激发奋斗精神、磨炼坚强意志等方面的作用有很大关系。

（二）高校创新创业教育中思想政治教育的方式方法单一

高校在创新创业教育与思想政治教育相融合的过程中容易忽视大学生不同阶段的需求，往往是"一刀切"地直接进行理论灌输，学生被动接受各种理论，缺乏表达自己想法的渠道。更有部分高校为了完成上级要求，而集中性地进行"满堂灌"。事实上，不同年级、不同学段、不同专业的学生对创新创业教育的认识完全不同，实际需求也不尽相同。教师若不制定系统长效的教育内容，不根据群体特点进行个性化指导，就很容易使教学缺乏针

对性，导致学生学习积极性不高，参与度不够，教育效果大打折扣，使该门课程陷入可有可无的尴尬境地。此外，在讲授创新创业课程时，一些老师照本宣科、纸上谈兵，与实际脱轨，不能与时俱进地结合现实进行理论教学。高校创新创业教育是一门实践性很强的学科，学生若仅在课堂上学习理论知识，不进行实践锻炼，就相当于与社会隔离。因此，在高校创新创业教育的课堂上，教师不仅要进行基础理论的传授，更应注重实践平台的搭建，让学生在实践中真正体会创新创业的意义，体会创新创业的艰辛与坎坷，进而培养其创业精神和创业态度，使其学会创业规划。

（三）高校创新创业教育中思想政治教育师资力量较为薄弱

专职教师过少、人手不足是高校在进行创新创业教育、组织开展创新创业大赛过程中面临的问题。从事创新创业教育的教师中，部分教师身兼数职，"双创"教师只是其一个副业岗位，这部分教师在完成本职工作后，无法拿出较多的时间和精力研究创新创业教育如何开展，研究思想政治教育如何渗透到创新创业教育中，相关培训也可能因为其他事情耽搁而不能参加，故而导致专业化程度较低；另一部分教师受传统教育模式影响较深，仅注重理论研究，对实践教育或嗤之以鼻，或因各种条件限制而无法取得实践经验，高校中非常缺乏既精通理论知识又具有实践经验的"双创"教师；还有一部分教师持无关论的态度，认为高校创新创业教育和思想政治教育是两个学科，应各自为政，无法也无必要进行有机融合，在从事高校创新创业教育的教师中，懂得思想政治教育，能够意识到二者协同育人的重要性的教师更是凤毛麟角。目前，很多高校尚未形成创新创业教育与思想政治教育相融合的教育教学模式，尚未形成从理论指导到实践指导"一站式"服务的师资队伍，师资力量较为薄弱。

二、高校思想政治教育和创新创业教育融合发展中存在的问题

（一）高校思想政治教育和创新创业教育的目标理念有所偏差

1. 我国高校思想政治教育的目标理念

1981年，教育部组织召开全国学校思想政治工作会议，正式提出"思想政治教育"是一门学科，全国所有学校必须将思想政治教育放在首要地位。思想政治教育主要包含政治教育、思想教育、道德教育等几部分内容。在我国社会发展条件下，高校思想政治教育把大学生作为培养对象，将马克思列宁主义、毛泽东思想、邓小平理论等作为指导思想，具体内容包含：在满足社会发展和学生成长成才的需求背景下，高校通过思想政治教育，使学生在政治、思想、心理、审美和法纪等方面达到既定要求，提高其理想信念等素养。从更深层次来讲，要唤起现代教育的人文关怀，解除现代教育的"信仰危机"，建设和谐校园，培养学生正确的人生观、价值观和世界观。最终把大学生塑造成有理想、有道德、有文化、有纪律的社会主义接班人。

高校思想政治教育工作的目标会随着学生的不同发展阶段而提出不同的要求，但自始

至终都是把"立德树人"作为首要和根本任务。2005 年，胡锦涛曾在全国加强和改进大学生思想政治教育工作会议上指出："大学生是国家和社会宝贵的人才资源，是民族的希望、祖国的未来。"如何培养高质量的人才是我国社会主义教育事业发展中必须认真思考、高度重视的根本问题。

中共中央、国务院 2017 年印发的《关于加强和改进新形势下高校思想政治工作的意见》中指出，高校肩负着科学研究、人才培养、文化传承创新等重要使命，加强和改进高校思想政治工作是一项重大的政治任务和战略工程，要做到以下几点：高举中国特色社会主义伟大旗帜；全面贯彻落实党的十八大精神；坚持以马克思列宁主义、毛泽东思想、邓小平理论、"三个代表"重要思想和科学发展观为指导；深入学习贯彻习近平系列重要讲话精神和治国理政的新理念、新战略、新思想；贯彻落实党的教育方针，建设符合中国实际、具有中国特色的大学；以立德树人为根本，强化思想理论教育和价值引领，把理想信念教育放在首位；学习中国特色社会主义理论，坚定中国特色社会主义道路自信、理论自信、制度自信、文化自信。牢固树立政治意识、大局意识、核心意识、看齐意识，为实现"两个一百年"奋斗目标、实现中华民族伟大复兴的中国梦，培养又红又专、德才兼备且全面发展的中国特色社会主义合格建设者和可靠接班人。

根据其内涵和要求，可以将现阶段我国高校思想政治教育的目标总结为：以马克思主义为指导思想，以"有理想信念、有核心价值、有中国精神、有能力素养"为主要内容，实现高校学生身心和谐发展，培养社会主义合格建设者和可靠接班人。

2. 我国高校创新创业教育的目标理念

"创业教育"是由英语中的"Enterprise Education"翻译而来，是联合国教科文组织于 1989 年在"面向 21 世纪教育国际研讨会"（地点：中国·北京）上正式提出的，广义来讲是为了培养具有开拓创新能力的人才。在我国，创新创业教育根植于全日制教育，大力支持高校学生自主创业，其不仅包括综合文化素质提升、专业知识和技能学习，也包括大学生个人品质、个性、才能和创造性等的培养，还包括市场知识、创业技能的学习与培训。大学生创业教育是就业教育的延伸，是素质教育、创新教育的实践，并且与专业教育相互结合、相互补充，是创新型国家建设和发展的重要内容，也是科学发展观的重要体现。

高校创新创业教育是当代素质教育所倡导的创新教育和创业教育的一体化，二者相互支撑、紧密结合。高校创新创业教育融合了以往的创新教育、创业教育、素质教育以及职业教育等多种教育理念，其主要理念包括：顺应时代潮流发展趋势，符合国家发展战略，适应市场经济发展的客观要求，促进我国高等教育改革发展，培养创新创业型高素质人才以及实现大学生自身全面发展。

高校创新创业教育是现代教育的重要内容，是国家复合型人才培养的重要途径和环节，其目标制定要结合当前社会发展以及国家建设的需要。现阶段，高校创新创业教育的目标是：在培养学生创新创业精神、创新创业能力和创新创业素质的基础上，培养具有高尚品德、坚强意志、出众能力、创新意识、创新思维和创新型人格的创新创业型人才。

由此可见,高校思想政治教育和创新创业教育各自的理念和培养目标虽然有重合部分,但交叉点较少。高校思想政治教育更加强调一种内在思想和觉悟,创新创业教育则主要侧重于创新创业意识及能力的培养。

(二)高校思想政治教育和创新创业教育的主体及其职责较为分散

在高校,机构设置权责分明,每个部门具有特定的职责和功能。虽然国务院已经出台意见,鼓励高校大力推进创新创业教育工作以及完善思想政治教育工作,但目前大多数高校的创新创业教育和思想政治教育主体仍存在着比较严重的分离情况。

高校思想政治教育工作主要由思想政治理论课和哲学社会科学理论课任课教师、党政干部和共青团干部、思想政治辅导员和班级导师三支队伍共同担任,分别从思想政治理论和实践两个方面,从课堂和生活等多个层面进行全面的思想政治教育。三支队伍在思想政治教育及其管理的实践中,相互补充配合、相互影响促进,共同推进高校思想政治教育的深入发展,完成对大学生思想政治、心理意识等方面的引导。

高校创新创业教育工作主要由创新创业教育学院承担,负责讲授创业指导课程,从理论层面对学生进行创新创业教育;同时组织相关知识竞赛,或聘请企业家、知名学者或者校友走上大学讲台,结合自身实践对学生进行指导。校团委主要通过组织"挑战杯"等创新创业比赛,对创新创业竞赛方面进行综合指导。作为学生事务的主要管理者,辅导员则通过日常接触以及专项工作在学生创业和就业过程中提供信息资料以及经验指导。

通过对比分析可知,目前高校思想政治教育主要由思想政治教育学院负责理论课程的讲授,校团委通过组织社团活动引领思想,辅导员作为从事学生思想政治教育工作的主要人员,在日常管理中潜移默化地实施教育;高校创新创业教育则主要由创新创业教育学院理论结合实践进行教育,校团委通过比赛进行实训,辅导员在日常生活进行就业创业指导。在上述主体中,校团委、辅导员兼顾两类教育,而作为高校思想政治教育和创新创业教育的专业主体,思想政治教育学院和创新创业教育学院在学生这两方面教育中几乎不存在交叉。

(三)高校思想政治教育和创新创业教育的内容结合度较低

1.高校思想政治教育的主要内容

作为一个"灵魂工程"学科,高校思想政治教育结合了我国发展现状等较为广泛的内容,既包括认知、情感、意志和信念等思想意识层面的内容,也包括伦理学、教育学和心理学等规范性内容,还包括爱国主义、集体主义、民族团结和社会主义等政治教育内容。这些内容相互联系、相互贯通,通过对学生世界观、人生观、价值观的引导及教育,使学生关注社会现实并进行理性思考,从而积极探索人生的价值和生命的真正意义。

其中,思想意识层面的内容主要有对世界的认知、对矛盾问题的辨析等马克思主义理论教育,以及公德教育、职业道德教育、婚姻家庭道德教育和个人品德教育。规范性内容包括心理学、教育学等适应教育,以提高学生的社会适应能力、生存能力和抗压能力等。

政治教育中，爱国主义教育主要包括我国优秀传统文化教育、民族历史教育、我国国情和党情教育等相关教育；集体主义教育包括在尊重他人的基础上，以集体利益为重，团结协作共同为集体志愿服务等集体意识、集体荣誉感教育；社会主义教育包括社会主义现代化建设经济常识、中国特色社会主义道路、邓小平理论、社会主义民主和法制教育等；民族团结教育主要包括民族平等、信仰自由、团结统一等理念和政策。

2. 高校创新创业教育的主要内容

作为一种实用教育，高校创新创业教育的内容更加侧重于应用和实践。高校创新创业教育主要是培养具有创业基本素质的创新型复合人才，因此创新创业对大学生能力的要求反过来也决定了包含学科体系建设、教学方法和教学资源开发等在内的高校创新创业教育的教学目标和内容。具体而言，高校创新创业教育主要包括创新创业意识、创新创业能力、创新创业知识和创新创业实践等几方面的内容。

创新创业意识教育主要通过启发学生对于创新创业的基本认识以及敏锐性，使其了解创新创业教育的基本内容、内涵、主要特征、影响因素以及对创新型复合人才的要求和标准，并激发其创业方面的动力；创新创业能力教育主要包含提升创新创业的基本知识、基本技巧和基本技能，增强学生的创业素质，培养学生的思考能力、观察能力、批判性思维、组织能力、协调能力和决策能力等；创新创业知识教育泛指使学生在熟练掌握创新创业基本知识，创业实践的经验积累到一定程度的前提下，通过系统的处理能够产生新的理解、新的知识和新的方法；创新创业实践教育主要指通过开展创业比赛以及其他模拟创业实践活动，让学生切身了解企业创办、市场调查、投资融资、风险管理、财务管理和风险控制等环节的内容，使其在实践过程中发现更多的问题。

从以上对二者主要内容的论述中可以看出，高校思想政治教育重点针对学生思想、信仰、理念和政治等方面进行提升，创新创业教育主要针对创新创业意识、创新创业知识和创新创业能力等方面进行培养。在高校思想政治教育中并无创新创业教育相关内容，在创新创业教育中也没有融入思想政治教育的理念，二者内容上的结合程度非常低。

三、高校思想政治教育与创新创业教育融合中存在问题的原因分析

高校创新创业教育与思想政治教育的融合并不是简单地将二者组合起来，其中不仅涉及了教育学、管理学、心理学等多学科交叉，还涉及了要使思想政治教育更好地指导大学生创新和创业。单一的创新创业教育过于重视创新创业技巧方面的培养，容易造成大学生品格素养水平较低，使其在创新创业实践中遇到困境之后不知道该如何应对；单一的思想政治教育理论性过强，如果不能与创新创业实践结合起来，这种纯理论的思想政治教育对于大学生来说就像是枯燥无味的说教，甚至容易引起部分学生的反感。而如何对当前高校创新创业教育与思想政治教育分离的状况进行融合改进，首先需要分析其存在问题的原因。

（一）缺乏融合的思想意识

首先，高校领导层没有足够重视高校思想政治教育和创新创业教育的融合。高校领导层或决策层的重视程度是一项工作开展的重要保障。目前，由于领导层没有充分意识到思想政治教育对创业精神、创业意识的重要指导作用，以及创新创业是思想政治教育工作开展的良好载体，导致二者结合程度较低、没有达到相互影响、相互促进的作用。同时，高校领导把主要精力都放在业务工作上，忽视了创新创业教育中的思想政治教育，导致了二者的融合出现缺乏保障、教育内容单一、环境建设滞后等问题，出现在物质及财政等方面不能满足创新创业教育发展需求的情况，出现在校大学生不能够充分理解创业文化、不能够充分掌握创业技能等现象。

其次，高校相关领导没有深刻意识到思想政治教育在创新创业教育中的导向作用。当代社会发展迅猛，缤纷多元，各种思潮涌现，相互冲击。大学生的心理和思想发展不够成熟，人生观、价值观、世界观也尚未完全形成，加之社会经验缺乏，故而在复杂的社会环境中容易受多种意识形态影响。因此，高校思想政治教育在创新创业教育中的导向作用显得尤为重要。这种导向作用主要体现在两个方面：一是能够引导大学生树立正确三观；二是能够激励大学生树立社会责任感和使命感，确立为国家富强、民族振兴、社会发展作出自身贡献的创业价值取向。然而，当前的高校创新创业教育大都只重视创业技能和知识的传授，对思想政治教育的引导作用不够重视，容易使学生在创业动机和态度上产生偏离。

最后，高校相关领导没有深刻意识到思想政治教育在创业教育中的心理激励作用。当前大学生缺乏社会经历和创业经验，心理心智尚未完全成熟，胆识以及艰苦奋斗、锲而不舍的决心也不够，因此很多学生不会轻易选择创业之路，其创新创业意识也因此逐渐减弱。再者，一部分大学生虽然迈出了创业第一步，但是由于其对自身的定位及认识偏差较大、期望较高，在激烈的市场竞争环境中遇到阻力时容易产生焦虑、怀疑等负面情绪。对于这种状况，需要发挥高校思想政治教育的激励作用，增强创业大学生的抗挫能力，使其面对困难仍能够保持坚定不移的信念与勇气。

（二）缺乏融合的理论指导

理论研究是实践的前提，科学的理论对实践起着积极的指导作用，任何一门学科若是没有一套完整的、系统的理论作为研究的基础，那么其后期的发展就会受到阻碍，甚至偏离正确的方向。目前，高校思想政治理论和创新创业理论的研究大都区别开来，在各自学科内进行，关于二者融合的研究非常少，且不够深入。具体表现为：

首先，对于高校思想政治教育相关理论的研究深度有限。学校创业教育的调查结果显示：只有占比 27% 的学生表示学校开设过创业教育专业的课程，这一比例非常小。到目前为止，在高校中负责大学生创业教育中思想政治理论研究的是思想政治专职教师、辅导员、就业指导中心及一些相关部门的管理人员，但是，对于改善思想政治的教育方式、内容、环境和师资的状况，以及如何激发学生创业的积极性、完善创业的知识结构、提高创业能力与创业品质等方面的问题并没有进行更深层次的研究。与此同时，我国大学生的创业教育与其他国家相比起步较晚，部分高校使用的教材是国外高校的译本，而适合我国国内大学生心理发展特点、满足学生实际需求的教材不多，适用范围十分有限。

其次，高校创新创业教育中思想政治教育基础理论研究方法较为单一。系统、完整的研究方法与研究工具的结合应用，可以促进某一学科理论研究领域的深入发展。然而，我国目前对创新创业教育中思想政治教育理论的研究大多是定性研究，缺少定量分析，也未曾有实证研究，这就使得创新创业教育中思想政治教育理论变得空洞且缺乏说服力。实证研究是目前理论研究的重要和首要的方法。定量研究方法使用过少，将使得进一步推进创新创业教育中思想政治教育的发展以及给予思想政治教育正确的定位变得更加艰难。

（三）缺乏融合的实践经验

理论是实践的指导，在高校思想政治教育和创新创业教育的融合上，虽然已经产生了一些理论研究成果，并在一定程度上为二者的融合提供了有利条件，但在目前的理论研究中，还存在着研究深度不够、实践研究较少、融合方法单一等问题，这对二者的融合发展有着直接的影响。新事物的发展都要经过实践尝试、理论提升和实践完善的循环，而现阶段关于高校思想政治教育和创新创业教育融合问题在理论研究上，本身就存在着不全面、不深入的问题，二者融合在实践方面更是缺乏指导，实践尝试的经验更少。

从高校思想政治教育和创新创业教育实施主体结构来看，只有高校团委和思想政治辅导员有重合，但也主要是因工作内容和性质而产生的一种"被动实践"，这种实践只是因工作和事件的临时交叉，缺乏专业、全面的理论指导，这种实践并不够系统。同时，作为高校思想政治教育和创新创业教育主要实施主体的思想政治教育学院和创新创业教育学院，二者没有融合和交叉，在理论不足的情况下也没有实践尝试。由此直接导致两方面问题：第一，无法验证目前关于二者融合的理论研究的正确性，也就不能保证其延续性；第二，不能发现二者融合的理论研究中的问题，也就无法对于融合问题进行修正和改进。从深层次来看，在高校创新创业教育和思想政治教育融合实践的实施过程中，既缺乏相应的理论研究指导，也缺乏相关的实践经验，还缺乏相应组织管理上的支持，比如激励机制、约束机制以及广泛参与机制等。所以，缺乏实践尝试是导致高校思想政治教育和创新创业教育不能够融合的直接原因。

（四）缺乏融合的师资队伍

在高校教育中，无论是思想政治教育还是创新创业教育，教师一直居于主导地位，其重要性不言而喻。教师的理论素养与实践经验在很大程度上决定了大学生创新创业的理念与认知能力。在当前形势下，顺应时代发展，大力倡导"大众创业、万众创新"已成为各个领域的工作重点。因此，培养一支拥有丰富经验与创新理念的教师团队，相当于为在校生的创新创业活动提供有力保障。大学生创业素养的提高要求指导教师具有较高的理论基础与较完善的理论体系，不仅要熟练掌握创新创业相关理论知识，而且对其他领域尤其是思想政治教育方面也要有所涉猎。例如，对大学生创业过程中所需要的社会学、伦理学知识，应具有较强的总结归纳与运用能力。

目前在高校创新创业教育中，有关思想政治教育通常是由学校就业指导中心或团委负责，也有一些大学由主管教学或主管行政的教师负责，还有一些高校直接由辅导员负责。无论上述哪种情况，其共同点都是师资没有从事创新创业思想政治教育的工作经验，缺乏理论知识与指导能力，这就是造成高校创新创业活动中思想政治教育缺位的主要原因，也是影响高校创新创业整体教育教学水平的主要原因。由此可见，打造一支训练有素、素质过硬的高校创新创业思想政治教育领域的师资队伍十分必要。高校应加强专业培训，定期选派优秀教师参加国家的思想政治教育培训，借此把握国家的政策方针和动态；甚至也可以与国外高校展开交流合作，比如参与 KAB、SYB 等创业项目和活动。高校也可以在大学期间试行"双导师制度"，即高校可以聘请校外优秀企业家、知名校友或政府机关中有经验的人士作为大学生创业课程的导师，与高校自己的辅导员或教师开展紧密合作，共同为学生的创新创业活动提供坚实有力的保障。

第五章 高校思想政治教育与创新创业教育融合路径研究

第一节 协同理论下高校思想政治教育与创新创业教育的融合发展

在协同理论框架下推动高校思想政治教育与创新创业教育的融合发展，使其在培养创新型人才、增强高校综合实力、建设创新型国家等方面发挥作用，具有现实可行性和重要意义。但是，教学实践过程中也出现了诸如二者融合度不高、教育方式方法单一、师资力量较为薄弱等问题，降低了二者协同育人的效果。高校应制定完整、系统的育人方案，通过构建课程平台，利用好"第一课堂"；构建实践平台，搭建好"第二课堂"；构建网络平台，建设好"第三课堂"。应进一步推动二者相融合的教学改革，加强"思政课程"和"课程思政"的协同关系，不断增强学生的理论素养、实践能力，培养学生的创新创业精神。

要完善课程体系，解决好各类课程与思想政治课相互配合的问题，让各类课程与思想政治教育课程同向同行、协同育人。2020年6月1日，教育部印发了《高等学校课程思政建设指导纲要》（教高〔2020〕3号），《纲要》指出："创新创业教育课程，要注重让学生'敢闯会创'，在亲身参与中增强创新精神、创造意识和创业能力。"创新创业教育的本质是教育，应是高等教育与生俱来的DNA，但我国创新创业教育起步较晚，目前又正在经历发展中的瓶颈阶段，而高校思想政治教育在其30多年的发展历程中，一直关注现实问题，追随时代潮流，把握学术前沿，能够担负起时代赋予的增强学生创新创业能力的使命。与此同时，基于协同理论，将高校创新创业教育与思想政治教育相融合的教学改革具有现实意义，有助于形成"全员全程全方位"育人的"课程思政"大格局。

一、协同理论下二者融合发展的教学改革基础

协同理论试图在两个学科相互融合、相互促进的过程中形成协同效应。协同效应是特指复杂系统内各个系统之间的互动产生超出各要素单独作用的效果，产生了"1+1 > 2"

的现象。高校思想政治教育与创新创业教育正是在协同理论的指导下相互融合，并对个人、高校、国家产生了一系列的协同效应。

（一）协同理论为二者的融合发展提供理论支撑

协同是指复杂系统中各子系统的协调、同步与合作，从而达到各子系统之间有序化发展的行为过程。协同理论广泛应用于自然科学领域，在社会科学领域也有巨大影响，将协同理论移植于教育领域就产生了协同教育，为高校思想政治教育和创新创业教育相融合的教学改革提供了坚实的理论基础。高校思想政治教育和创新创业教育相融合的教学改革具备子系统有序化发展的四个条件：开放性、环境性、非线性和涨落性。

开放性是指子系统之间所形成的环境能够满足学生的需求，适合学生的发展。高校思想政治教育和创新创业教育作为两个子系统，其开放性体现在教育目标上，二者都是关注学生未来发展，适应社会发展需要，服务国家发展战略，培养德才兼备、全面发展、复合型人才的学科，以培养和造就"有理想、有道德、有文化、有纪律"的社会主义合格建设者和接班人为目标。

环境性是指系统的外部作用通过内部机制产生效应。高校思想政治教育和创新创业教育融合发展系统中的环境性体现在国家高度重视二者融合发展、协同育人的作用，审时度势地提出要推动"大众创业、万众创新"，并颁布一系列文件，出台一系列政策，完善相应教育体系，为教学改革提供支持和保障。例如：2020 年 4 月发布的《教育部等八部门关于加快构建高校思想政治工作体系的意见》（教思政〔2020〕1 号）对全面推进所有学科课程思政建设、强化工作协同保障提出了具体要求；2020 年 6 月出台的《高等学校课程思政建设指导纲要》对思想政治教育融入各类课程，形成协同体系做出了明确指示。

非线性是指子系统的教育对象都是以学生为主体，但学生在各个年级、各个专业的需求有所不同，在认知能力、接受能力和情感意志等方面存在差异，具有不确定性。高校思想政治教育和创新创业教育两个子系统的非线性表现在教育内容的设置上，二者以习近平新时代中国特色社会主义思想为指导，根据学生发展需要循序渐进地开设了创新创业教育、爱国主义教育、理想信念教育、职业道德教育和心理健康教育等课程，在教育内容、知识结构、技能培养方面强调因材施教。

涨落性是指子系统之间的发展是不平衡的，但能相互促进、相互弥补，从而提升各自的教育效能。高校思想政治教育和创新创业教育两个子系统的涨落性表现在教育方式上。思想政治教育经过多年的发展取得了巨大成就，在教育手段、教育方法和教育艺术上积累了丰富经验，形成了较为成熟的教育体系，可以为创新创业教育的有效开展提供思路借鉴。高校创新创业教育作为新兴学科，紧跟时代节拍，采取开放式的教学方法，更加注重实践教育，注重培养理论与实践相结合的能力，可以为思想政治教育提供新的实践可能，增强思想政治教育的时效性、实效性。二者在教育方式上相互依托、相互借鉴。

（二）二者融合发展形成"协同效应"

1. 有利于培养创新型人才

在我国从人口大国向人力资源大国转变的过程中，创新型人才是关键，而创新型人才的培养是一个综合过程，依赖于"教育创新"和"创新教育"。在高校思想政治教育与创新创业教育相融合的教学改革中，要充分发挥"双创 + 思政"教育教学模式的作用，把高校思想政治教育融入创新创业教育的各个环节、各个方面，运用"隐性思政"润物细无声的育人作用，发挥"教育创新"的作用；教师在将二者融入教学的过程中，要主动吸取先进的教育理念、教育成果，形成自己独特的见解，并积极运用到课堂教学中，帮助学生挖掘自身的创新能力；充分利用启发式教学和讨论式教学等方式，进一步培养学生对权威的质疑和批判精神，在教学改革中赋予学生天马行空的想象力，坚持多元视角、因材施教，培养当代大学生的创造型思维和创造型人格，发挥"创新教育"的作用。

2. 有利于增强高校综合实力

创新型人才的培养对教师队伍、课堂氛围、校园文化等方面提出了更高的要求，多方面、多维度地增强了高校的综合实力。深化高校思想政治教育与创新创业教育相融合的教学改革，能够进一步提高教师的综合能力，调动和活跃课堂氛围，发挥校园文化的熏陶作用；能够促进高校高等教育改革和课程改革，从而重新整合学校资源，实现各学科之间的相互融合，加强高校思想政治教育和创新创业教育的交流互动，实现跨学科发展；能够完善学校的课程体系，使基础教育、专业教育、通识教育和技能教育相互渗透，设置系统化的课程体系，为学生制定个性化的培养方案；能够加强学校、企业、社会的互联互通，使学校不再仅仅是学生的"象牙塔"，使学生在创新创业教育中接触社会、加强实践能力，在思想政治教育中形成正确的人生观、世界观和价值观，实现从校园到社会的无缝对接，发挥协同育人的最大功效。

3. 有利于建设创新型国家

高校思想政治教育和创新创业教育的融合发展可以为建设创新型国家提供理论和实践支撑。2017 年 10 月 18 日，习近平在党的十九大报告中指出："创新是引领发展的第一动力，是建设现代化经济体系的战略支撑。"在当今世界，国家的竞争力既体现在经济、军事和科技等"硬实力"中，也体现在文化、价值观念和创新能力等"软实力"中，更体现在将"硬实力"与"软实力"相融合的"巧实力"中。全球正在进入一个知识经济时代，知识经济时代更注重创新驱动发展，因此，高校教育必须用强烈的紧迫感和高度的责任感来解决时代提出的问题，既要注重利用创新创业教育培养学生的实践能力，也要注重利用思想政治教育来浸润学生心灵、启迪学生思考，用"巧实力"将创新创业教育与思想政治教育融合起来，加强协同育人效果，为创新型国家的建设提供智力支持和人才保障。

二、协同理论下二者融合发展的教学改革途径

教育部印发《高等学校课程思政建设指导纲要》中指出："落实立德树人根本任务，必须将价值塑造、知识传授和能力培养三者融为一体、不可分割。"这也对高校创新创业教育与思想政治教育融合发展提出了更高的要求。促使二者融合发展的教学改革是一项系统工程，使二者共同服务于学生成才、社会进步、国家发展，需要明确的实现路径，需要通过教学改革构建课程、实践、网络三个平台，利用好"第一课堂"，搭建好"第二课堂"，建设好"第三课堂"。

（一）构建课程平台，利用好"第一课堂"

1.课程设置方面，开设循序渐进、螺旋上升的课程

学校的课程安排应根据各个年级学生的不同心理状况、实际需求进行设置，高校创新创业教育更应融入学生培养的全过程。对于刚进入大学、对大学生活充满好奇、对未来规划不明确的大一学生来说，应开设创新创业教育基础理论课程，使其初步了解创新创业，这对其将来的个人成才和服务社会具有启蒙意义。对于经历过一年大学生活、对创新创业初具了解的大二学生来说，加深理论知识教育的同时应加入相关实践课程，开始培养他们的创新意识和实践能力。对于对自己未来的规划较为清晰、有进行创新创业想法的大三学生来说，应加强实践教学环节，积极鼓励有想法的同学参与"互联网+"大学生创新创业大赛、青年红色筑梦之旅等相关比赛，以比赛为契机，让学生初步体验创新创业的过程，在这个过程中融入思想政治教育，帮助学生树立正确的价值观，磨炼其意志，提高其综合素质。对于面临着毕业、坚定了自主创业想法的大四学生来说，要"点对点"进行个性化指导，引导其树立切合实际的目标，发现市场的"痛点"，深入挖掘好项目，以及了解政府关于大学生创业的相关支持政策。

2.课程体系方面，构建"思政课程+课程思政"协同育人的体系

在高校思想政治教育中融入创新创业教育。高校思想政治教育的理论性较强，如果不与实践相结合就会空而泛，达不到良好的思想政治教育效果。在高校思想政治教育的课堂教学环节中通过创新创业案例分析、课堂辩论赛、课后作业等形式融入创新创业教育。在高校思想政治教育的实践教学环节中，通过参观企业、专题讲授、聆听讲座和参与调研等活动，使思想政治教育内容丰富、形式多样，增强吸引力和感召力。同时，从高校思想政治教育的视角分析创新创业活动，可以深化学生对创新创业的认识，丰富学生的创新创业知识。可以在高校思想政治教育中增加与大学生的爱国主义教育、基本国情教育、职业生涯规划教育和诚信教育等与创新创业教育密切相关的内容。

在高校创新创业教育中融入思想政治教育。创新创业对学生的综合素质具有很高的要求，不仅需要学生具有深厚的理论功底和扎实的实践技能，更需要学生具备健全的人格、较高的社会责任感、较强的抗压能力和受挫能力以及良好的组织力、协调力和领导力。这

些能力的培养决定了高校必须将思想政治教育融入创新创业教育中，培养学生的创新创业精神和企业家精神，使其能够正确分析周围环境，正确对待成败得失，形成与国家发展高度一致的使命感，与社会进步高度一致的责任感，具备锲而不舍的毅力、水滴石穿的决心和战胜困难的信心。高校创新创业教育要注意培养大学生坚定的理想信念，使其具备良好的心理素质，积极乐观、坚强勇敢的品质和健全的人格，引导大学生在创新创业过程中树立知难而进、敢拼敢闯、勇于担当、开拓创新的创业价值观。

3. 课程内容方面，实现二者有机融合

在高校思想政治教育与创新创业教育相融合的教学改革中，首先应该摒弃那些不符合时代发展要求、与学生现实需求脱轨、流于形式和老生常谈的内容，充实符合中国特色社会主义市场经济发展规律和学生心理发展需求的内容，依托现有的思想政治课程，融入创新创业教育。例如，在"马克思主义基本原理概论"的教学中，让学生学会辩证地、发展地看待问题，掌握辩证法这一科学思维方法，在实践中不断增强思维能力特别是创新思维能力，懂得"事物发展是曲折性与前进性的统一"这一哲学道理；在"毛泽东思想和中国特色社会主义理论体系概论"的教学中，让学生更好地了解中国国情、社会状况和自己的生活环境，运用马克思主义立场、观点和方法认识问题、分析问题和解决问题；在"思想道德修养与法律基础"的教学中，引导学生树立良好的创业观，了解国家相关的法律法规，做"知法、懂法、守法、用法"的创业者；在"中国近现代史纲要"的教学中，教会学生以史为鉴，厚植爱国主义情怀，不忘伟大民族精神；在"形势与政策"的教学中，紧抓时政热点，帮助学生认清国内外发展局势，拓展思路和视野。

（二）构建实践平台，搭建好"第二课堂"

在新时代人才培养中，高校必须重视实践平台的搭建，将校内实训与校外实践结合起来。对于校内实训，高校自身要积极组织创业模拟大赛、沙盘推演等活动，建设大学生创客基地、创业孵化器等平台，积极组织学生参加"挑战杯""互联网＋"等大学生创新创业大赛以及青年红色筑梦之旅等竞赛，为学生提供实践平台，在实践中培养学生的创业精神和创业能力。高校应充分调动学生的热情，从学校层面到院系层面，成立形式多样的创新创业社团，而社团内的学生在服务同学的过程中自身的综合素质也得到了提高，这一部分学生甚至可以成为第二梯队的创业导师，从而实现学生自身发展和高校"双创"师资壮大的"双赢"局面。同时，变教师"独唱"为学生"主讲"。在课堂上，教师主动把课堂交给学生，让学生轮流登上讲台，改变传统教学模式，通过"翻转式"教学，进一步调动学生思考的积极性，引导学生用主人翁的态度发现问题、探索问题，培养学生的创新能力。对于校外实践，高校应充分整合多方资源，加强校企合作，推进"产学研用"高度融合，积极联系校外企业安排相关学生进行假期实习，让学生切实体验企业的运作流程与运作模式，将理论转化为实践应用。

（三）构建网络平台，建设好"第三课堂"

网络已成为高校思想政治教育的新阵地，开展创新创业教育需要紧紧依托网络，在利用好"第一课堂"，搭建好"第二课堂"的同时延伸至"第三课堂"。教师应充分利用网络资源丰富自己的教学内容，通过慕课、线上直播等平台实现网上教学。学生可以在网上选择自己感兴趣的相关课程进行学习，实现网络化自主学习。学校、院系建立专门的创新创业自媒体，如利用公众号、抖音、微博等网络平台，发布相关的创业知识、创业指导、创业政策、创业大赛和创业故事等内容，这些内容与学生日常生活息息相关，与学生成长成才联系密切，必然会引起学生尤其是有创业意向学生的关注。以自媒体为载体，利用学生喜闻乐见的形式和灵活互动的方式，打破时空局限，加强"双创"导师和学生的沟通交流，收集学生的思想动态和发展情况，将收集到的数据信息利用大数据分析等现代科技手段进行整理，准确把握学生心理，及时调整教学规划，在恰当时机给予学生指导，介入思想政治教育，帮助大学生解决在创业过程中遇到的问题。此外，在互联网时代，高校应积极鼓励学生转变思想，利用互联网进行创业，并加强对大学生网络经营、电子商务的培训和网络法律法规的普及。

第二节　高校思想政治教育与创新创业教育双向构建

科学技术的迅猛发展使多学科交叉融合与综合化的趋势日益增强，任何高科技成果无一不是多学科交叉、融合的结晶。与此相对应，社会和市场对高校毕业生的要求也发生着变化：由知识单一型人才向知识复合型人才转变。随着高校教育改革的不断深化，构建高校思想政治教育与创新创业教育体系显得愈发迫切。这是因为在社会结构的不断变化下，二者各自的发展均受到了多方面因素的影响，而双向构建体系的建立可以更好地促进二者的融合发展，有利于高校复合型人才的培养。

高校的主要任务是培养符合社会发展需求的高质量复合型人才，当前，高校提高了对创新创业教育的重视程度。在党和国家的正确领导下，高校十分重视落实思想政治教育工作，深刻认识到思想的高度决定着人才的培养质量和培养效果。基于此，本节尝试从高校思想政治教育与创新创业教育的内在联系出发，分析双向构建体系的具体路径，积极寻求高校思想政治教育与创新创业教育共同发展之路。

一、高校思想政治教育与创新创业教育的联系

首先，在教育目标上，高校思想政治教育与创新创业教育具有共同的目标。二者均是通过有效的教育，在大学生创业道路上给予其正确的指引，培育创业精神，培养创业能力，帮助大学生拓宽就业渠道，树立正确的思想道德价值观念，促进其发挥自身价值。

其次，在教育内容上，二者都是通过理论和实践相结合的方式培养学生良好的道德品质，使学生坚定信心和理想，培育学生创业所需的诚实、守信的良好品质。高校思想政治教育对创新创业教育具有较强的实践性和指导性作用，可以帮助学生树立正确的创新创业意识，提高学生就业创业能力，引导学生逐步形成正确的职业观，全面提高学生的综合素质。

最后，高校思想政治教育与创新创业教育在教育模式上相互融合，实现了素质教育的统一，落实了新课改的核心素养教育教学目标。高校思想政治教育与创新创业教育相结合，通过整合设计，交互使用多种教学手段，可以充分发挥思想政治教育的教育价值，并提高大学生创新创业能力。二者以协同理论作为基础，通过实践落实教学目标，实现对思想政治教育模式的改革和创新。

二、高校思想政治教育与创新创业教育的双向融合

（一）将高校思想政治教育融入创新创业教育

1.高校思想政治教育要着力激发大学生的创业意识

高校思想政治教育必须适应时代要求，着力激发大学生创新创业所必备的意识，即主体意识、责任意识和感恩意识。

首先，创新创业是自觉的实践活动，需要大学生认识到在创业活动中自身的主体地位和所肩负的社会责任，独立自主地解决遇到的各种问题。这就要求大学生逐步树立主体意识，改正"等、靠、要"等毛病。创业不是一帆风顺的，大学生只有始终坚持理想目标，发挥主观能动性，积极整合资源，化解难题，才能取得成功。因此，高校思想政治教育要树立以学生为中心的教学理念，不断激发学生在学习、生活中的主体意识，为培养创新型人才创造主观条件。

其次，高校创新创业教育是高等教育与社会发展相结合的一个重要纽带，大学生创业不仅与个人前途息息相关，而且与国家、民族的命运紧紧相连。高校思想政治理论课要传授学生关心社会、心系祖国、传承文化等理念，教授学生如何与社会沟通、如何获取社会资源、如何建立和谐的人际关系以及创业成功后如何回报社会等，逐步培养学生的社会责任感和使命感。

最后，感恩意识培养是要让大学生学会感恩教师、感恩学校、感恩父母、感恩社会。其实就是让学生学会尊重他人，对他人的帮助怀有感激回报之心，并通过言行表达出来。只有这样，才能发展与他人的友谊，建立和谐的人际关系，创业道路才会更加平坦。

2.高校思想政治教育要着力培育大学生的创新精神

（1）培育大学生的艰苦奋斗精神

艰苦奋斗精神是中华民族宝贵的精神财富，是中华民族的传家宝。对大学生进行艰苦奋斗精神的教育是高校思想政治教育工作的一项重要内容。创业是一条艰难的道路，离不

开吃苦耐劳，离不开拼搏努力，创业之初尤其如此。只有具备了艰苦奋斗精神，才能做到不抛弃、不放弃，突破困境，取得成功。

（2）培育大学生的开拓创新精神

开拓就是走前人未走过的道路，创新就是对现实的超越，创业需要创业者有推陈出新的魄力和勇气，勇于开拓创新。高校思想政治教育需要与时俱进，及时更新教育内容和手段，为大学生今后的创业提供源源不断的精神动力。

（3）培育大学生的实事求是精神

创新精神本身就要求实事求是，大学生创业不仅要有理想目标，还需要有具体实施方案，脚踏实地地予以执行，并根据实际情况变化提出新的计划方案，扎扎实实地付出努力。为此，思想政治教育要着力引导学生掌握科学的世界观和方法论，把握马克思主义活的灵魂——实事求是，以实事求是的态度迎接今后的工作和生活。

（4）培育大学生坚韧的创业品质

高校思想政治教育能帮助大学生养成坚忍的意志品质。创业需要创业者全力以赴，面对各种挑战和困难，克服一道道难关，这些都离不开坚定的创业理想和信念的精神支撑。思想政治理论课要传授给学生创业过程中前进性与曲折性相统一的辩证观点，提高学生在挫折面前的抗挫力，使其以良好、健康的心态从事创业活动。高校思想政治教育还能帮助大学生塑造良好的道德修养。创业要和不同对象打交道，需要处理好方方面面的关系，和谐的人际关系必不可少，这必须依靠良好的道德修养来维持。高校思想政治教育既要对学生进行道德教育，为其提供道德评判标准，又要将创业道德规范赋予学生自身，使其成为学生自我约束、自我教育的内在要求。

（二）将高校创新创业教育融入思想政治教育

将高校创新创业教育融入思想政治教育是新时期思想政治教育的客观要求。时代的发展、我国建设创新型国家目标的提出以及大学生就业难等一系列国内外环境的变化，给高校思想政治教育的开展带来了新的挑战，传统的思想政治教育缺乏对这些新现象的应对，缺乏对大学生创业意识、创业品质的培养。从某种意义上讲，高校创新创业教育的目标就是通过教育、培养和锻炼使学生获得创业所需要的知识结构、基础能力和综合素质。所以将高校创新创业教育融入思想政治教育可以从以下几个方面入手：

1. 树立创业意识

高校要培养现代社会的创业人才，首先要在校园营造浓郁的创业文化氛围。在这种文化氛围中，学生会懂得自己并不是毫无后顾之忧的"天之骄子"，现实就业情况并不是想象中那么乐观，仅有文凭是不够的，许多人拥有大学文凭，但仍面临失业的危机等。这就要求高校树立全面的素质教育观念，改变高校中"专业教师只管知识传授、思想政治教育者只管思想的现象"，将创新创业教育同思想政治教育结合起来，服务于人的全面发展，激发学生进行创业实践的欲望，帮助其树立创业意识，使其形成正确的创业世界观。

2. 培养独立人格

一个人是否具有创业意识、创业行为和创业成就，很大程度上取决于他是否具有独立自主的人格，很难想象，一个事事、处处依赖他人的人在面对创业所带来的巨大风险和压力时，能够坚持下去，并取得成功。高校创新创业教育的关键就在于能够使大学生不断了解新情况、研究新问题、探索新思路、创造新业绩，以独立自主的人格去追求自身价值的实现。

3. 培养创业品质

大学生创业是一项极具挑战性的社会活动，能否成功，与学生自身的素质关系极大，创业要求大学生具备优秀的创业品质、良好的道德修养和心理素质。创业品质即创业的情感、意志和精神调节系统，它包括以下几方面的特殊品质：

（1）善于驾驭风险

创业之路不可能一帆风顺，会存在各种风险和许多不稳定因素，大学生创业者在遇到挫折和失败时必须要具有"从哪里跌倒，再从哪里爬起来"的态度和精神。

（2）勇于承担责任

大学生创业是一项开拓性很强的实践活动，需要大学生创业者有足够的胆识和担当，能够克服常人难以想象的困难和障碍，那种思想保守、畏首畏尾的人无法创业成功。

（3）充满激情和保持理性

激情是大学生创业者提升和凝聚人气的途径，它的基本要求是要有足够的信心。与此同时，创业总是充满着未知和变数，必须始终保持清醒和理性。

4. 开发创新创业课程

要将创新精神的培养融入专业课教育中。任何一门学科或者课程的知识传授，都是一个从简单到复杂、从具体到抽象的渐进发展的过程，这本身就是一种不断探索和创新的过程。因此，每门课程都是高校创新创业教育的载体和源泉，要主动开发专业课教育中创新创业教育资源，从而潜移默化地启发、引导和激励学生的创新精神和创造意识。

以开展通识教育的形式开发一系列创新创业培养专题课程。除了在思想政治课程、专业课教育中进行渗透式的创新精神培养外，还需要专门开设旨在提升创新精神、传授创新创业知识和技能的创新创业专业课程，以强化培养、突出实效。教育内容可包括创新创业精神（艰苦奋斗、开拓创新、实事求是等）、创新创业人格（职业操守、创业品质、双赢意识等）和创新创业方法（TRIZ 理论、专利战略、创业计划等）。

5. 创新校园文化建设

校园文化活动主要包括社团活动、讲座报告和文体活动等。基于高校创新创业教育活动的创新特征和时代特色，还应该着重挖掘校史校情和创业典型的教育内涵。

要充分挖掘学校历史文化中关于创新创业的核心内容。每一所高校的发展史都是一部生动的艰苦创业史，可邀请学校老领导介绍学校的创办历程和自己的体会，有条件的高校还可创建校史陈列室，让学生认识到学校创办与发展的不易，从而更加珍惜学生生活，努力学习，立志成才。

邀请创业典型返校做报告，创业典型也曾是学校的学生，他们的奋斗创业史是鲜活的创业实例，最受学生信赖并最易被学习模仿。通过他们的报告，可鼓励学生树立创业志向，并弘扬创业精神。

可组织学生到创业教育基地参观学习，使其实地了解创业环境、感受创业气氛。还可以丰富校园创新创业活动内涵，通过在不同时期开展不同的校园创业主题活动，加大创新创业宣传力度。通过"挑战杯""创业论坛"等较大规模的校园创新创业文化活动，强化从前期规划、组织实施到表彰总结等环节的工作力度，打造创新创业文化平台，营造良好的创新创业文化氛围，最终形成创新创业文化传统。

加强校园现代信息技术平台的建设，充分发挥网络平台的作用。当前，网络已成为大学生日常学习和生活中的重要部分，校园 BBS、微博、微信和各类校园网成为影响大学生成长发展的重要因素。现代信息技术平台逐渐成为新时期加强和改进高校思想政治教育和创新创业教育的重要途径。《中共中央国务院关于进一步加强和改进大学生思想政治教育的意见》中明确提出，要主动占领网络思想政治教育新阵地，建设融思想性、知识性、趣味性、服务性于一体的主题教育网站，通过加强建设和管理校园网、密切关注网络动态、加强与学生的网上交流等途径，不断拓展大学生思想政治教育的渠道和空间。开展高校思想政治教育和创新创业教育需要紧紧依托现代信息技术平台，通过各类校园网络，以学生易于接受、灵活互动的方式，广泛宣传创新创业精神，积极引导学生投身到创新创业活动中去。

三、高校创新创业教育与思想政治教育双向构建的落实策略

（一）明确教育目标，发挥教师指导作用

高校思想政治教育与创新创业教育双向构建体系的落实，需要高校教师明确教育教学目标，深入到大学生实际生活中，全面了解学生所思、所想和所为，从而有针对性地开展理论和实践教育，促进大学生健康成长。教师不仅要教授学生创新创业与思想政治教育的理论基础知识，还需要在实际教育过程中提高与学生之间的互动，增强双方情感交流，通过恰当的方式引导大学生形成正确的创业价值观以及良好的创新精神，从而将学生的内在潜能充分挖掘出来，帮助学生丰富创新思维，提升创业能力。

（二）转变教育主体，促进双向构建体系

高校教育需要体现"以人为本"的教育理念，高校思想政治教育与创新创业教育双向构建体系的主要作用对象就是大学生。但是在以往的创新创业与思想政治教育模式下，教师在课堂教学中占据主导地位，学生只是参与者，缺乏学习自主性。而在双向构建体系下，大学生可以认识到自身在课堂教学中的主体地位，并逐步从"要我学"转变为"我要学"的状态，从而积极主动参与到双向构建体系中。

（三）理论联系实践，形成一体化教育模式

从高校本身来讲，应当统一教育理念，无论是高校的领导层、管理层还是相关教育者，都要全面认识到双向构建体系的优势，并将其优势逐步落实到整个教育教学过程中。在双向构建体系中，应当以主流思想和价值观为基础制定教育目标，通过开放的学习环境帮助学生积极探寻人生的发展目标，并使其在实现目标的过程中制定整体规划，并增强对自身的管理意识。在高校思想政治教育与创新创业教育双向构建中，创设符合学生需求的学习情境非常重要，通过有效的情境，可促使大学生积极参与到教学互动中，进而提升教学质量和成效。通过双向构建体系的有效实施，将理论知识融入实践教学，形成一体化教育模式，营造高质量课堂教学氛围，进一步提高学生参与度，使学生在学习过程中体验到学习乐趣，从而逐步提升课堂教学效果。当然，实现这一目标需要高校在课程、教学资源等方面进行全面的优化和整合，并在实际教学中不断完善相应的制度。

总而言之，高校思想政治教育与创新创业教育双向构建的落实，有利于促进高等教育的进一步改革和发展。高校要充分发挥思想政治教育的价值，帮助学生树立正确的创新创业意识，正确认识社会，为大学生步入社会提供有力支持。

第三节　高校思想政治课与大学生创新创业精神培育

高校思想政治教育是我国高等教育的重要组成部分，在培养健全的高素质人才方面起着关键作用。高校思想政治课作为高校思想政治教育重要的实施载体，对当代大学生正确的人生观、世界观和价值观的形成具有深远的指导意义。在"大众创业、万众创新"的时代背景下，高校思想政治课与大学生创新创业精神的培育有着紧密联系，其传递的思想性、理论性能够激发大学生的创业兴趣和创新思维，其课程的政治性能够指导大学生根据社会和经济的发展选择创业项目和创业方向，其组织的社会实践环节能够有效提高大学生的实践创新能力。高校思想政治课是对大学生进行思想政治教育的主阵地和主渠道，高校思想政治课以其特殊的功能定位，承担着培养大学生创新创业精神的责任和使命，其在培养大学生创新创业能力中具有特殊的优势。因此，需要充分发挥高校思想政治课的功能和作用，以不断提升大学生创新创业的实践能力。

一、高校思想政治课的功能定位与指导意义

2016 年 12 月 7—8 日，全国高校思想政治工作会议在北京召开，会议上习近平上强调，"高校思想政治工作关系高校培养什么样的人、如何培养人以及为谁培养人这个根本问题。""要坚持把立德树人作为中心环节，把思想政治工作贯穿教育教学全过程。""思想政治工作从根本上说是做人的工作，必须围绕学生、关照学生、服务学生，不断提高学生

的思想水平、政治觉悟、道德品质和文化素养，让学生成为德才兼备、全面发展的人才。"可见，高校思想政治工作对社会主义大学的建设、社会主义人才的培养具有至关重要的意义，当代中国处于改革开放的重要转型期，社会发展、经济建设都离不开强大的人才支撑。大学生作为当代青年的主力军，他们的知识储备、人格品行、道德行为等都对社会发展具有深远的影响。因此，要始终保证高校是培养社会主义事业建设者和接班人的坚强阵地。

高校思想政治课全称为高校思想政治理论课，是我国境内所有大学都必须开设的必修课，也是我国高校思想政治工作开展的主要方式和途径。我国本科院校开设五门思想政治课："中国近现代史纲要"——告诉学生中国近代的历史，让学生深入了解近代中国的国情；"思想道德修养与法律基础"——增强学生的思想道德修养，普及法律常识，使学生树立健康的人生观和价值观；"马克思主义基本原理"——指导学生从世界观和方法论的层面去反思历史、关注现实；"毛泽东思想和中国特色社会主义理论体系概论"——介绍马克思主义中国化理论以及如何运用马克思主义走中国特色社会主义道路；"形势与政策"——介绍当前国内外形势，具有时效性、政治性、动态性和政策性等特点。在高职高专院校，由于课时的限制，开设"思想道德修养与法律基础""毛泽东思想和中国特色社会主义理论体系概论"和"形势与政策"三门课程。各级各类大中专院校至少设置一个学年的学习，帮助青年学生树立正确的人生观、世界观和价值观，养成良好的品行和习惯。

二、大学生创新创业精神的养成与发展

在 2014 夏季达沃斯论坛开幕式上，我国首次在公开场合发出"大众创业、万众创新"的号召。"双创"号召的提出，对经济的发展、政府职能的改革、社会公平的实现都有较强的促进作用。在"双创"大背景下，各行各业努力抓住机遇创新、转型，各行业工作者的创业热情也被逐渐点燃。据不完全统计，从 2013 年 5 月起，中央层面已经出台至少 22 份相关文件促进创新创业。2015 年 5 月，国务院办公厅印发《关于深化高等学校创新创业教育改革的实施意见》（国办发〔2015〕36 号），全面部署深化高校创新创业教育改革工作，指出深化高等学校创新创业教育改革，是国家实施创新驱动发展战略，推进高等教育综合改革、促进高校毕业生更高质量创业就业的重要举措。随后各地区、各高校制定了具体的深化创新创业教育改革的方案。

高校层面上，各高校开始根据创新创业要求完善人才培养质量标准、调整创新人才培养机制，同时健全创新创业教育课程体系，改革教学方法和考核方式。教师层面上，明确了全体教师创新创业教育责任，加强了教师创新创业教育教学能力建设。学生层面上，自学生踏入大学校门开始，教师就要培育其创新创业精神，把创新创业精神培养融入各科目的教学中，并最终帮助学生把创新创业精神转化为创新创业能力，实现自我突破。

高校是开展创新创业教育的主战场，大学生作为创新创业的主力军，是贯穿高校整个创新创业教育工作的主导因素。创新创业的成功、创新创业能力的培养都离不开创新创业

精神的培育。因此，如何培养大学生创新创业精神至关重要，在学生投身创新创业项目时，首先要树立创新创业的理想信念，其次要具有创新创业的道德情操，同时还必须具备良好的创新创业心理素质。

三、高校思想政治课与大学生创新创业精神的有机融合

高校思想政治课与大学生创新创业精神的培育有着深刻而紧密的联系。首先，高校思想政治课的思想性能够给予大学生价值观念上的信念支持。理想信念是一切行为的指向标和动力源头，思想政治课传授的积极向上、努力奋斗的精神有助于激发学生创新创业的信心和勇气。其次，高校思想政治课具有的政治性能够教会学生立足国情和党情分析、解决问题，开展各种形式的创新创业。最后，高校思想政治课具有的理论性能够给学生提供研究问题、分析问题和解决问题的方法论，有助于学生在创新创业过程中解决矛盾，减少失败。

高校思想政治课在传播思想政治理论知识的同时，将当前国内外社会发展的趋势和经济建设的现状传递给大学生，使其了解当今国内外发生的深刻变革，引导其顺应时代发展潮流，确立目标，积极努力，完善自身。创新创业精神包括创新思维和创业能力。作为当代大学生，只有在校期间有意识地培育创新思维和培养创业能力，在走向社会时，才能把握住机会，实现创业梦想。

（一）高校思想政治课能够有效培育大学生的创新思维

21世纪的经济，主要是以知识创新为动力的经济，大学生应该有意识地培育创新思维。创新思维主要表现在首创、探索和坚持精神。思想政治课中"思想道德修养与法律基础"课程从思想教育、道德观教育和法治观教育三个方面引导大学生顺利步入人生新阶段，科学进行人生规划，观察社会、发现问题，规范自身行为。

首先，首创精神的培育需要有较高的思想认识水平和较强的认知能力。科学的思维方法是首创精神产生的基础。高校思想政治课所传授的认识观和方法论，能够有效地教授学生科学的思维方法，有利于其跳出思维局限，从全新的角度去发现问题、思考问题。

其次，探索精神是创新思维中的重要品质。任何创新都不仅是一种想法，它还需要思维主体不停地摸索、实践、再摸索、再实践，在实践和失误中前进，从而形成系统完善的创新。当代大学生大多是"00后"，他们的成长环境大多优越、开放、包容，他们敢想敢做，思想束缚少，但是忍耐力和意志力整体不足，遇到失败往往会无所适从、消极沉沦、半途而废。高校思想政治课要对大学生进行艰苦奋斗教育和挫折教育，引导其勇于探索、百折不挠。

再次，坚持精神会引导大学生在创新过程中迎难而上，打破旧有框架。建立新的体系必然会受到或多或少的阻碍，很多创新思维因为这些障碍而中途夭折。思想政治课中传递的坚持不懈的精神，将会指导学生在遇到困难时不放弃，学而思、思而行，最终取得成功。

（二）高校思想政治课能够大力培养大学生的创业能力

大学生仅具备创新思维还不够，还需要深入发展创新思维，将其转化成创业能力。据了解，多数高校在暑期会安排大学生根据自身条件参加社会实践。社会实践的形式灵活多样，主要目的是培养大学生融入社会的能力。大学校园是座"象牙塔"，大学生只在封闭的校园内学习远远不够，为了让大学生能在毕业时顺利步入社会，适应就业岗位，思想政治课承担了布置暑期社会实践的任务。大学生利用暑期积极投身社会工作，可以通过尝试各种兼职，去实现自己的创意和想法。社会实践不拘形式，大学生可以根据自己的兴趣爱好选择适合自己的实践，为今后真正步入社会搭建桥梁。

高校思想政治课体系中的"毛泽东思想和中国特色社会主义理论体系概论"，深入解读了我国"建设创新型国家、创新型社会"和"科教兴国战略"政策，有助于学生了解国家创新创业的战略规划和相关创业政策，引导学生正确认识我国基本国情，即我国正处于社会主义初级阶段，要坚持贯彻党在社会主义初级阶段的基本路线、纲领、方针和政策，为实现中华民族伟大复兴的"中国梦"而奋斗。在这种国情、党情和社情下，学生可以结合自身的专业知识和兴趣特长选择优势项目进行创业。

然而，现实的高校思想政治课大多集中于理论教学，能够真正用于指导学生创业实践的内容少之又少。因此，高校要为学生搭建好创业实践平台，使学生通过实践演练培育良好的创业精神。可以借助思想政治课平台，集中宣传一些体现创业精神的学生实例，通过组织有关创业精神培育的专题讲座或者讨论会、举办创业演讲比赛、模拟创业实践等方式，培养学生的创业信心、策划能力和实践能力，使学生在活动中提升创业兴趣，增强创业精神。

高校思想政治课是高校思想政治教育的重要实施载体，与大学生创新创业精神的培育联系紧密。因此，如何有效地利用高校思想政治课的平台，有效培育大学生的创新思维，大力培养大学生的创新能力，提升大学生创新创业的精神，指导大学生创业项目，具有重要的研究意义和现实意义。

第四节　将高校创新创业教育融入高校思想政治理论课

将高校创新创业教育融入高校思想政治理论课是新时代发展的必然选择，有利于推动思想政治课的创新发展，发挥学生的主体性。目前，二者存在着内容融合程度低，融合方式不明确，缺乏专业师资，融合机制不够完善等问题。解决路径主要有：完善思想政治课创新创业教育内容，发挥高校思想政治教育体系的作用，加快复合型教师队伍建设，建立科学考核监督机制等。

构建"高校思想政治理论课+创新创业教育"模式，引导大学生树立创新创业意识，把高校创新创业教育作为推进高校思想政治理论课实效性的重要抓手和突破口。探索如何将高校创新创业教育与思想政治课课程学习相结合，是高校思想政治课面临的新课题。

一、将高校创新创业教育融入高校思想政治课具有重要意义

首先，利用高校思想政治课加强高校创新创业教育是新时代发展的必然选择。高校创新创业教育的目标是培养具有创业基本素质和开创型个性的人才，是以培养创新创业意识、创新创业精神和创新创业能力为主的教育。创新创业品质表现为一种积极向上的人生态度和坚韧不拔的意志品质，本质上是进行自我挑战，即要求大学生积极进取，能够对自己未来的人生进行主动规划与探索，养成勇于担当、敢闯敢干的精神。高校创新创业教育的开展，需要高校孕育出创新创业的文化氛围，形成良好的校园环境，鼓励学生勇于探索、乐于求知，培育大学生自我发展的能力。

当前，中国特色社会主义进入新时代，只有坚持创新发展、敢于开拓进取，才能保持生机活力。但是创新与发展始终离不开人才，只有在各行各业中打造一批敢于探索、乐于探索，具有开拓进取精神且坚实可靠的人才队伍，国家才能变得更加强大。大学生作为社会主义现代化建设的主力军和接班人，必须符合时代发展的要求，不仅要在学校学习过程中夯实专业技能，还需要培养创新创业精神。这赋予了高校创新创业教育以时代性与社会性的双重特点。思想政治课作为一门面向全体大学生的必修课，具有对人的思想进行塑造、对理论进行深化普及和对实践进行推进创新的特点，因此，自然成为高校开展创新创业教育最有效、最直接的途径。

其次，将高校创新创业教育融入高校思想政治课有利于推动思想政治课的创新发展。在市场经济背景下，实用主义和功利主义使思想政治课受到了一定冲击。一方面，部分大学生对思想政治课缺乏正确认识。思想政治课属于公共课程而非专业课程，有的大学生认为，专业知识对于自身未来的发展更有益处，学好专业知识才是重中之重，而作为公共课的思想政治课，只需要应付过关即可，不需要下大功夫，因此对思想政治课失去了学习的兴趣和内在动力。另一方面，思想政治课课程内容理论性较强且比较枯燥，如果安排不当就会失去吸引力。要提高思想政治课的地位，课程设置应更多关注大学生亟待解决的现实问题，教育的内容应从大学生的学习和生活出发，针对大学生所关心的技能学习、就业前景及各种现实问题提供诸多信息和选择方案。将高校创新创业教育融入思想政治课教学，能够丰富思想政治课教学内容，增加思想政治课的实践性内容，改变思想政治课纯粹单一的理论讲授的沉闷；有利于做好大学生的未来就业发展辅导规划，提高大学生创新创业能力，吸引更多大学生关注职业发展，激发学生的创业兴趣；有利于改革思想政治课传统课堂教学模式，推进思想政治课的创新发展。

最后，将高校创新创业教育融入高校思想政治课有助于发挥大学生的主体作用。结合高校思想政治课的教育内容进行创新创业教育，二者相互融合、相互促进，有利于培养大学生科学的创新创业理念，帮助其形成正确的就业观。在高校创新创业教育中，教师可以根据大学生的专业因材施教，使其充分发挥自身的专业特长，提高其创新创业的主观能动

性，培养其实践能力和动手操作能力，这也与思想政治课提高大学生认识世界和改造世界能力的主旨相一致。再者，高校思想政治课对于大学生的成长成才有着良好的思想引领和价值导向作用。将高校创新创业教育融入思想政治教育，以学生为本，关注大学生全面发展，有利于培养理想信念坚定、专业知识扎实、具有创新创业能力、德才兼备的有为人才。

二、高校创新创业教育融入高校思想政治课存在的弊端

（一）内容融合程度低

思想政治理论课是落实立德树人根本任务的关键课程，具有不可替代的作用。高校思想政治课坚持政治性与学理性相统一，是高校思想政治理论课的本质要求。高校思想政治课主要传授马克思主义理论知识体系，培养和塑造大学生高尚的意志品质和道德情操。现有的高校创新创业教育主要包括培养学生创新创业意识、学习创新创业知识、拓展创新创业能力等内容，以大学生创业就业指导、创业学习、企业家精神学习、创业管理学习、创新思维训练营和创新创业实践比赛等为主要的学习内容与活动方式。从课程设置来看，高校思想政治课课程虽然有一部分就业观的内容，但相对较少，只限于基本就业相关知识。高校创新创业教育则主要由高校学工部门、思政工作部门负责，侧重于创业知识、就业形势分析，以技能培养为主。因此，高校思想政治课和创新创业教育仍是各司其职，尚未在内容上达到深度整合、协同推进。

（二）融合方式不明确

高校思想政治课的主要教学方式是课堂教学，在课堂上向学生传授知识，以理论学习为主。目前，高校创新创业教育主要采取开讲座、搞活动、做培训等方式进行，比如，部分高校设置创新创业教育学院来承担创新创业教育教学的任务和工作，相关部门来组织比赛，聘请企业家和知名学者或者校友走上大学讲台结合自身经验进行指导等。由此可见，高校思想政治课与创新创业教育二者在教学方式上不仅存在较大差异，而且在日常教学中两种教育方式也很少交互，二者教学方式的融合还有待于深入探索。

（三）缺乏专业的师资队伍

将高校创新创业教育融入高校思想政治课，要求思想政治课教师除了熟练掌握思想政治课程内容外，还必须掌握一定的创新创业理论知识，这样才能在课程教学中有效地进行创新创业教育。从另一个角度看，新时期对大学生创新创业的要求不断提高，大学生面临诸多需要解决的实际问题，这也要求高校创新创业教师不仅要熟练掌握创新创业相关理论知识，而且对其他领域知识尤其是思想政治教育方面的知识需有所涉猎。然而，当前高校思想政治课教师和创新创业教师还存在着对需要融合的专业知识理解不深的情况。比如，部分高校思想政治课教师擅长讲授思想政治课课程内容，但对于创新创业知识了解不深，以至于在授课中无法契合大学生实际需要进行深入的创新创业教育；高校创新创业教师很

多是由其他专业课教师或者从事学生管理工作的人员担任，在思想政治教育理论方面还有待提高，也不能做到很好地将思想政治理论与创新创业教育融合起来开展教学。

（四）融合机制不够完善

当前，很多高校都较为重视创新创业教育，有些高校还成立了创新创业教育学院，帮助大学生进行各种创新创业训练，以推进创新创业教育。但是，部分教师把精力过多地投入到组织各种创业大赛上，未能主动更新创新创业教育理念和知识，未能专注于充实教育课程，将创新创业教育仅理解为培养创业者而忽视了对大学生创新创业品质的培养。此外，在学校层面，推进力度还不足，还没有建立完善的机制。部分高校未能主动去寻求创新创业教育与思想政治课融合的路径，甚至缺乏融合意识，没有将创新创业教育内容融入思想政治课课堂的紧迫感，因此，融合机制难免存在欠缺。

三、推进高校创新创业教育与高校思想政治课融合的路径

当前，将高校创新创业教育融入思想政治课还存在种种问题，亟待加快推进创新创业教育融入高校思想政治课教学体系的步伐，使学生树立正确的就业创业观，并为高校思想政治教育提供有效载体。

（一）完善二者融合的教学内容

首先，在课程教学内容体系中开设创新创业教育专题。当前，高校思想政治课程虽然有关于就业的一些内容，但尚未专门设置关于大学生创新创业教育的章节。在课程教学中增设创新创业教育专题内容，能使高校全体大学生对何为"双创"、如何去实现、怎样去实现等问题产生更全面的认识，对创新创业的内涵本质、意义价值、推进方式等有更深刻的了解，并促使其去实践。

其次，教学内容中适当增加创新创业主题教育。高校思想政治课本身就含有较为丰富的创新创业知识，在教学中可以探索二者融合的主题教育。比如，在"毛泽东思想和中国特色社会主义理论体系概论"课程中，有很多关于中国政治文化、经济建设和社会发展等方面的知识，教师在讲授理论知识时，可以结合大学生各专业需求，向其详细讲述国家和地方就业发展的新政策以及对大学生自主创业的新部署、新规划；在"思想道德修养与法律基础"课程中，可以通过案例分析，向大学生讲授在创业过程中需要具备的技能，并培养其坚韧不拔的意志、团队合作的精神、诚实守信的素养等创业所需要具备的品质。通过融合的主题教育，有效激发学生的兴趣，增强思想政治课教学的实效性，提升大学生创新创业素质。

最后，将创新创业教育列为课外实践的重要环节。在思想政治课中布置大学生实践作业，通过实践的方式锻炼、增强学生的综合能力。比如开展社会调查，在教师的指导下，学生组队开展调研，撰写调研报告，甚至可以尝试开展一些创业活动。这一过程可以帮助学生了解社会，锻炼学生创新创业能力。

（二）发挥高校思想政治教育体系的作用

首先，高校党团部门组织开展创新创业教育系列活动。学生在参加活动过程中，既能了解创新创业的知识与内容，又能接受思想政治教育。例如，开设创新创业系列讲座，邀请成功人士走进校园向大学生讲述创业所需要的专业能力及个人品质，增强大学生对创业的了解。其次，发挥学工、辅导员阵线的育人职能，建立高校创新创业教育长效机制。高校学工部门和辅导员是高校思想政治教育的重要力量，应充分发挥其教育引导职能，引导大学生客观看待、科学理解创新创业教育，引导大学生在接受思想政治教育过程中主动与创新创业教育相融合，充分发挥第二课堂的作用。最后，高校思想政治工作部门与思想政治课教学单位要加强联合，协同推进创新创业教育在全校范围内的开展。通过联合举办课堂内外的专题讲座和培训、联合开展创新创业实践基地建设、联合加强校园创新创业文化环境建设等，提高大学生创新创业的积极性和自觉性。

（三）组建高校复合型教师队伍

在思想政治教育教师队伍中挑选一批有志于进行创新创业教育的教师，组建复合型教师队伍。学校通过培训等方式加强对这部分教师的专门培养，帮助其快速掌握创新创业教育的内容与方法，使之成为复合型教师，提高其融合教育的水平与质量；鼓励这部分教师到企业进行实践，通过实地调查，了解和收集创新创业教育的实践案例与素材；同时，这部分教师还可以通过亲自担任大学生创新创业项目的指导教师，与创业大学生一起入驻大学生创业园等方式，积累更多的创新创业实践经验和阅历。复合型教师本身具有思想政治教育的相关知识底蕴，再加上所接受的创新创业理论培训以及与大学生一起亲历创业的经验，可以使教师更好地在实践教学过程中引导大学生发现问题、解决问题，使其不断反思总结，推动教学活动的开展，还可以使教师个人的综合能力得到明显提升。

（四）建立科学的考核评价监督机制

第一，科学量化高校创新创业教育考核指标，建立系统评分体系，对师生双方进行双向考核。对于大学生的考核，应注重其在创新创业方面的接受度和参与度，比如，增加学生课堂关于创新创业的发言、讨论和课外参与实践的分值比例，以此激发学生创新创业的自主性；对于高校思想政治课教师创新创业教育成效的考核，则可以采取学生个人与集体评价以及以创新创业教育的多重效果（如知识考核、实践评分等）作为参考，通过分析结果，对教师在思想政治课中进行创新创业教育的进度、深度进行管理。第二，成立指导监管部门或安排专门人员，负责指导、督促高校思想政治课教学适时对学生施以创新创业教育，及时发现问题、解决问题，进行科学考核和评价结果分析，形成一套完整的高校创新创业教育考核评价监督机制。

参考文献

[1] 蔡帼芬. 媒介素养 [M]. 北京：中国传媒大学出版社，2005.

[2] 成长春. 网络思想教育新论 [M]. 开封：河南大学出版社，2006.

[3] 邓红彬. 论新媒体环境下大学生思想政治教育载体创新 [J]. 重庆交通大学学报（社会科学版），2011，11（1）：103-105.

[4] 董召勤. 新媒体时代大学生思想政治教育创新 [J]. 学校党建与思想教育，2013（25）：46-47，65.

[5] 冯刚. 党的十六大以来大学生思想政治教育的创新与发展 [J]. 中国高等教育，2012（18）：8-11.

[6] 冯刚. 互联网思维与思想政治教育创新发展 [J]. 学校党建与思想教育，2018（03）：4-8.

[7] 冯刚. 思想政治理论课与日常思想政治教育协同育人的理论思考 [J]. 学校党建与思想教育，2017（21）：18-23.

[8] 冯刚. 习近平关于大学生思想政治教育论述的理论蕴涵 [J]. 重庆大学学报（社会科学版），2018，24（03）：170-180.

[9] 韦伯斯特. 信息社会理论 [M]. 曹晋，梁静，李哲，等译. 北京：北京大学出版社，2011.

[10] 高爱芳，高卫松. 对大学生使用新媒体的调查分析及德育引导 [J]. 思想政治教育研究，2010，26（1）：132-134.

[11] 宫承波. 新媒体概论 [M]. 北京：中国广播电视出版社，2009.

[12] 季海菊. 高校思想政治教育"载体合力"的动态生成——以新媒体语境为视域 [J]. 南京社会科学，2009（10）：120-125，131.

[13] 季海菊. 基于新媒体环境下的大学生思想政治教育研究 [D]. 南京：南京师范大学，2013.

[14] 季海菊. 跨界思维：新媒体视阈下思想政治教育载体选择的一种理性向度 [J]. 南京邮电大学学报（社会科学版），2010，12（1）：101-104，119.

[15] 李文政. 网络时代思想政治教育面临的机遇和应对措施 [J]. 山东省青年管理干部学院学报，2003（01）：59-60.

[16] 李晓莉.思想政治教育协同创新研究 [D]. 兰州：兰州大学，2016.

[17] 李遥.互联网对高校思想政治工作的影响及对策 [J].南京航空航天大学学报（社会科学版），2002（1）：68-71，79.

[18] 廖祥忠.何为新媒体 [J].现代传播，2008（5）：121-125.

[19] 刘胜君.大众传媒的思想政治教育功能研究 [D].北京：北京交通大学，2014.

[20] 卢勃.论新媒体视角下研究生思想政治教育变革 [J].当代教育理论与实践，2013，5（1）：119-120.

[21] 波斯特.信息方式：后结构主义与社会语境 [M].范静哗，译.北京：商务印书馆，2000.

[22] 尼葛洛庞帝.数字化生存 [M].胡泳，范海燕，译.海口：海南出版社，1997.

[23] 欧阳友权.数字媒介下的文艺转型 [M].北京：中国社会科学出版社，2011.

[24] 石书臣.同向同行：高校思想政治教育协同创新的课程着力点 [J].思想理论教育，2017（07）：15-20.

[25] 谭天.新媒体新论 [M].广州：暨南大学出版社，2013.

[26] 王虹，刘智.新媒体时代基于新媒体环境下的大学生思想政治教育创新研究 [M].北京：中国社会科学出版社，2012.

[27] 王双阳，张景书.新媒体时代高校学生思想政治教育工作的协同创新 [J].继续教育研究，2015（01）：83-84.

[28] 王学俭，刘强.新媒体与基于新媒体环境下的大学生思想政治教育 [M].北京：人民出版社，2012.

[29] 夏德元.个体传播地位的历史变迁与传育的时代命题 [J].复旦学报（社会科学版），2012（6）：76-83，129.

[30] 徐振祥.新媒体：大学生思想政治教育的机遇与挑战 [J].思想政治教育研究，2007（6）：64-66.

[31] 杨志群.网络时代大学生思想政治教育面临的挑战及对策 [J].教育探索，2012（09）：139-140.

[32] 叶燊.新媒体时代大学生思想政治教育价值理念创新研究 [J].伦理学研究，2014（01）：131-134.

[33] 殷俊，何芳.微博在我国的传播现状及传播特征分析 [J].河南大学学报（社会科学版），2011，51（3）：124-129.

[34] 穆尔.赛博空间的奥德赛 [M].麦永雄，译.桂林：广西师范大学出版社，2007.

[35] 张耀灿，陈万柏.思想政治教育学原理 [M].北京：高等教育出版社，2001.

[36] 张永汀.校园新媒体环境下高校思想政治教育途径创新 [J].中国石油大学学报（社

会科学版），2011，27（5）：103-108.

[37] 张再兴 . 我国高校网络思想教育的十年历程与发展 [J]. 思想教育研究，2005（7）：2-6.

[38] 郑寿 . 基于新媒体议程设置的高校思想政治教育实效性研究 [J]. 西南农业大学学报（社会科学版），2013，11（4）：130-133.